改正法ニ關スル事項

改正法全体ニ對ス總体質問

問　舊土人保護法ノ制定ノ理由及之ガ改正ヲ必要トスル理由如何

答　明治ノ新政成ルヤ政府ハ北海道全土ノ土地ヲ擧ゲテ國有ト爲シ、之ヲ開拓スルニ內地移民ヲ以テシタル結果、頓ニ人口ノ增加ヲ來シ、天然資源モ亦隨ツテ激減シ之ガタメニ全族ハ著シク生活上ノ窮乏ヲ告クルニ至レリ・玆ニ於テ政府ハ從來漁獵ノ民タリシ全族ヲシテ農牧ノ民ニ轉向セシメ以テ其ノ生活ノ安定ヲ圖ラムトシ、明治五年制定ノ土地拂下規則ニ依リ一般和人全様土地ヲ給與シタリシガ既往久シク漁藻ノ裡ニ育チ土地管理ノ能力ニ

社會局

監修者——五味文彦／佐藤信／高埜利彦／宮地正人／吉田伸之

[カバー表写真]
「北海道国郡全図」（部分）
明治2年、松浦武四郎画

[カバー裏写真]
「北海道旧土人保護法」と題する新聞記事
『北海道毎日新聞』（明治32年3月7日）

[扉写真]
「北海道旧土人保護法改正」
（昭和12年度）

日本史リブレット 57

近代日本とアイヌ社会

Fumoto Shinichi
麓 慎一

目次

近世日本とアイヌ社会———1

近代日本アイヌ史研究の視点———4

①
「北海道旧土人保護法」———8
「北海道旧土人保護法」の制定／「北海道旧土人保護法」の審議過程

②
帝国議会における「北海道土人保護法案」———17
第八回帝国議会と保護法案／第五回帝国議会と保護法案

③
アイヌ社会と勧農政策———41
明治初期のアイヌと農業／三県時代のアイヌ保護政策と勧農

④
共有財産問題とアイヌ———53
共有財産の概要／十勝アイヌの共有財産問題

⑤
「北海道旧土人保護法」制定後のアイヌ社会———64
旭川市旧土人保護地処分法／旭川市旧土人給与地をめぐる小作調停／アイヌの土地所有権剝奪の萌芽／「保護法」改正の意図／「保護法」改正と同化問題 — 土地売買制限の撤廃／「保護法」の改正と下付地の売買／「互助組合」の成立と土地問題／旧土人給与地売買契約無効訴訟

おわりに———93

近世日本とアイヌ社会

近世日本とアイヌ社会の関係を総合的に分析し、描き出した研究がある。高倉新一郎氏が、一九四二(昭和十七)年に日本評論社から上梓した『アイヌ政策史』である。『アイヌ政策史』は、近世・近代におけるアイヌ政策を植民学▲の視点から、一貫して分析した業績である。この高倉氏の研究によって、近世アイヌ史研究は大きく進展した。とりわけ、高倉氏は、近世における「場所請負《ばしょうけおい》商人」のアイヌに対する過酷な処遇に注目する。

高倉氏は、幕末期に蝦夷地《えぞち》を調査して詳細な記録を残した松浦武四郎《まつうらたけしろう》▲に依拠してアイヌと和人の関係を分析する。高倉氏は、松浦武四郎の『近世蝦夷人物誌▲』から、和人がアイヌに対して行なった改俗《かいぞく》政策▲の具体的なあり様や「場所請

▼**植民学**　高倉新一郎は、アイヌ政策を広義の植民学の一つとして研究し、日本の植民学の中にこれを位置づけることを課題としていた。『アイヌ政策史』の「序論」を参照した。

▼**松浦武四郎**　一八一八〜八八年。詳細な蝦夷地調査を行なった北方探検家。特に、近世後期の北方地誌研究やアイヌ研究で大きな位置を占める。後に、幕府の蝦夷地御用掛となる。

▼**『近世蝦夷人物誌』**　松浦武四郎が、蝦夷地調査の成果をもとに著述した近世後期のアイヌの人物誌。『日本庶民生活史料集成　第四巻』(三一書房)に活字化されている。

▼**改俗政策**　アイヌを日本人風に改変させる政策。特に、月代《さかやき》や髻《もとどり》などをアイヌに強制した。

負制度」下での過酷なアイヌの労働状況を描き出した。高倉氏のアイヌ史研究は、アイヌを一般化せず、各地のアイヌの実態をできるだけ個別に分析した上で、アイヌ史を作り上げようとした点に特徴がある。この高倉氏の植民学を基点としたアイヌ史研究は、植民学という学問が戦後歴史学の中で大きな位置を与えられなかったため、視点としては継承されなかった。しかし、北海道史研究の泰斗《たいと》であった河野常吉《こうのつねきち》▲氏が収集した膨大な史料を解析して作り上げた『アイヌ政策史』は、実証面ではその後のアイヌ史研究に大きな影響を与えることになる。

近世北方史研究は、一九七〇年代から大きな転換期を迎えた。このころから近世北方史研究は、日本史研究全体との関連に留意して研究が進められることになる。少なくとも次の二つの点で画期を見いだすことができる。

一つは、「幕藩制国家論」の北方史研究への適用である。もう一つは、いわゆる「四つの口論▲」や「日本型華夷《かい》秩序▲」の中で北方史をどのように位置づけるか、という問題である。前者は、幕藩体制を「国家」と呼ぶように、極めて集権性の強い権力として描き出すところに特徴があった。このような視点から、近世北

▼**河野常吉**　一八六二～一九三〇年。北海道史研究の資料的基礎を構築した人物。『函館市史』『札幌沿革史』などの自治体史や北海道庁殖民課の職員として『北海道殖民状況報文』などの作成にたずさわる(石村義典『評伝河野常吉』)。

▼**四つの口論**　近世日本の外交を「鎖国」という閉じられたイメージではなく、「四つの口」(長崎・蝦夷地・対馬・琉球)を通じていわゆる外交関係が成立していたと理解する論。

▼**日本型華夷秩序**　東アジア世界の中で日本を「華」と捉え、近隣諸国を「夷」と認識して形成される対外関係。

方史も研究されることになった。後者の研究は、実は前者の「幕藩制国家論」批判の研究から生まれたのであるが、アイヌに対する構造的な収奪《しゅうだつ》体系や過酷な労働に視点をおくという点で、両者には共通点があった。

近年、このような研究に対して二つの面から新たな近世アイヌ史像が提起されている。一つは、「場所請負制度▲」の綿密な研究から提示されたアイヌ史像である。その研究の核心は、近世アイヌに対する支配が近世アイヌの生活や慣習に依拠した形で行なわれていた、という点である。そこでは、アイヌの「自分《じぶん》稼《かせぎ》▲」の裁量の範囲やアイヌの逃散《ちょうさん》といった行動に着眼する。もう一点は、「幕藩制国家論」批判の研究を継承した成果である。幕藩体制の分権性や、いわゆる絶対主義的な社会にあっても地域の自治的側面や重層性は失われることはない、といった理論的な研究を継承している。

近年の研究潮流で示唆的なことは、近世の法や制度からの分析だけでなく、アイヌが雇用されていた「場所請負」の分析などアイヌ社会の具体的なあり様の分析が進んでいることである。近世にあっては、いまだ法や制度と実態に乖離《かいり》があることは認められるところであろう。近年の研究は、この乖離の内容とそ

▼**場所請負制度**　近世の北海道において松前藩は上級家臣への知行としてアイヌとの交易権を与えていた（商場知行制度）。この交易権を商人が代替して執行する制度。商人が漁場の管理を請け負ってアイヌを労働力として雇用する漁場経営のシステムである。請負商人は、漁場の権利者である松前藩の藩主・上級家臣や幕府に対して「運上金」を支払う取り決めであった。場所請負制度下で、アイヌは雇用労働者化していく。

▼**自分稼**　場所請負制度のもとでアイヌや和人が自己の食料や売買のために漁獲物を採ること。

の程度を解明しつつある。

近代日本アイヌ史研究の視点

近年の近世アイヌ史研究に多くの留保や未解明の部分があることは否定できない。しかし、近世にあってはアイヌの世界がある程度維持され、それに依拠してしか支配ができなかったとすれば、近代日本とアイヌ社会の関係も再考される時期に来ているのではないだろうか。

この点を説明するために、再び高倉氏の『アイヌ政策史』に戻ろう。高倉氏は次のように述べる。

近世にあっては極めて過酷な状況にアイヌは置かれていた。明治期には北海道への移住者が増加し、より一層アイヌを圧迫した。このアイヌの生活の困窮を救済する方法が、物質的な面では勧農であり、精神的な面では教育である。そして、「北海道旧土人《きゅうどじん》保護法」は、これらを体現した法律であり、歴史的には、十七〜十八世紀(近世)のアイヌ政策の行き詰まりを、二十世紀初頭の人道主義的な要求によって実施された政策と位置づける。

すなわち、明治維新以後、明治政府はアイヌ保護を政策として掲げ、「保護法」を制定してアイヌの保護を行なった。過酷な幕藩体制下でのアイヌ収奪と、一方で近代国家によるアイヌの保護という枠組みを設定しているのである。しかし、近年の近世アイヌ史研究は、近世社会にあってアイヌがその世界をある程度維持していたことを示唆している。とすれば、近代にあって高倉氏が指摘する「北海道旧土人保護法」を機軸とするアイヌ保護政策は、近世アイヌ政策の行き詰まりを人道主義的な要求から改善した政策、とは評価できないのではないだろうか。明治前期のアイヌが極めて過酷な状況に置かれていたことは、疑問の余地はない。つまり、明治維新から「北海道旧土人保護法」が制定される時期に問題が発生していたのではないだろうか。この時期の近代日本とアイヌ社会の関係に留意して、諸問題を分析する必要がここにある。

特に以下の二つの点に留意しながら考察を進めることにしたい。一つは、アイヌの保護に関する政策の立案や決定の過程をできるだけ復元することである。もう一つは、政策の立案者たち――北海道庁や政府――が保護政策をどのように理解していたのかを解明することである。この点を彼らの行政文書からできるだけ分析したい。

このような視点から近代アイヌの問題を取り扱う時、特に以下の研究に注目しなければならないであろう。

近代アイヌ史の分野で最も研究が進んでいるのは、教育史の分野である。小川正人氏の『近代アイヌ教育制度史研究』（北海道図書刊行会、一九九七年）が大きな成果の一つである。アイヌ教育史の実証だけでなく、常にアイヌ史全体との関連に留意して問題が検討されており、高倉氏以後の近代アイヌ史研究を大幅に前進させた業績である。

「北海道旧土人保護法」の制定過程に関する研究では、富田虎男氏の「北海道旧土人保護法とドーズ法▲」（『札幌学院大学人文学会紀要』四八号、一九九〇年）が、「北海道旧土人保護法」の成立過程における内務省の白《しら》仁《に》武《たけし》▲の重要性を解明している。このブックレットもこの研究の視点に影響を受けている。

土地政策に関しては、山田伸一氏（北海道立開拓記念館学芸員）の「十勝における北海道旧土人保護法による土地下付」（『北海道開拓記念館研究紀要』二五号、一九九七年）が、「保護法」成立以前に設定されたアイヌ「保護地▲」の問題も含め、土

▼**ドーズ法**　一八八七年二月にアメリカで成立したインディアンに対する土地割り当て法。

▼**白仁武**　一八六三〜一九四一年。一八九〇年に東京帝国大学を卒業し、内務省に入省する。内務省参事官・北海道庁参事官・文部省参事官を歴任し一九〇二年に内務省神社局長、〇三年に栃木県知事となり足尾鉱毒事件を処理する。

▼**保護地**　アイヌの生活維持のために留保した、通常未開墾の給与予定地。

地の下付の実態を解明した論考である。本書の執筆に際して山田氏の協力を得た。記して感謝したい。

なお、高倉氏以後の通史に関しては、榎森進氏の『アイヌの歴史』(三省堂、一九八七年)に依拠した。

近年のこのような研究成果に依拠しながら近代日本とアイヌ社会の問題を検討していこう。

①──「北海道旧土人保護法」

「北海道旧土人保護法」の制定

近代日本とアイヌ社会の関係を考察する上で、最初に検討しなければならないのは「北海道旧土人保護法」である。

「北海道旧土人保護法」は、一八九九(明治三十二)年三月二日に公布された法律である。「保護法」は、一三条から構成されている。

第一条から第四条までは、アイヌに対する農業奨励の条項である。第一条は、農業に従事することを望むアイヌに、一戸につき一万五〇〇〇坪以内の土地を無償で下付する規定である。第二条は、相続以外での土地の譲渡を禁止するなど、下付地に対しての制限規定である。下付されてから三〇年以内は、地租、地方税、登録税が免除される。第三条は、下付地が一五年たっても開墾されない場合には没収される、と定めている。第四条は、貧困なアイヌに対して農具や種子を給与すると規定する。

第五条は、病気になったアイヌの中で、自費で治療ができない者に薬代を給付する規定である。第六条は、諸条件から援助を必要とするアイヌの救助と、死亡したアイヌへの埋葬《まいそう》料の支給である。第七条は、貧困なアイヌの子弟への授業料の支給である。第八条は、第四条（農具・種子の給与）と第七条（就学者への授業料支給）の費用を、「北海道旧土人共有財産」から支出し、不足の場合には国庫から補助する規定である。第九条は、アイヌの集住地への国庫による小学校の設置である。第一〇条は、北海道庁長官による「北海道旧土人共有財産」の管理についての規定である。第一一条から第一三条には、罰則規定と施行時期が示されている。

「保護法」の内容を概括すると、これまでの研究が指摘するように、明治政府がアイヌに対して勧農政策を強く推し進めようとしていたことがわかる。さらに、教育の推進や疾病《しっぺい》対策という側面をもっていたことも理解できる。しかし、第一〇条の北海道庁長官によるアイヌの「共有財産▲」の管理という条項は、規定からだけではどのような意味があるのかを理解することはできない。

「保護法」の制定意図を理解するために、その審議過程を検討していこう。

▼**共有財産**　「北海道旧土人保護法」第一〇条により北海道庁長官が指定したアイヌの土地や現金をさす。

「北海道旧土人保護法」の審議過程

法案の提出理由と衆議院での審議過程

内務大臣の板垣退助は、一八九八(明治三十一)年七月二十三日、総理大臣大隈重信に「北海道旧土人保護法」の法律案を提出した。板垣は、これまでのアイヌへの保護政策の不十分さを指摘して、この法案を第一三回帝国議会に提出するように求めた。この法案の提出「理由書」には、アイヌの苦境を救い適当な産業を与えることが、国家の義務であり「一視同仁《いっしどうじん》ノ叡旨《えいし》」(『公文類聚』)に沿う、と記されている。この内務省から提出された「保護法」案は、第一三回帝国議会で審議されることになる。

法案は、十二月六日、衆議院に提出された。政府委員の内務次官松平正直《まさなお》は、法案の提出理由を次のように述べる。アイヌは、日本帝国内の人民であるにもかかわらず、「優勝劣敗ノ結果」、人口も減少し、生活手段も失われ、財産も保護されず、苦境に陥っている。これを保護するのは政府の義務である。

この提案を受けて、衆議院議員の中から、十二月八日、「北海道旧土人保護法」案委員(九名)が選出され、十二月九日には、杉田定一が委員長に、阿部興《おき》

▼**一視同仁**　すべての人を平等に見て、等しく愛すること。

▼**内務省**　一八七三年に設置された中央省庁の一つ。国家の支配体制を支える役目を負い、アイヌ政策を主導する立場にあった。

▼**優勝劣敗**　強者が勝ち、弱者が滅びる。

●―「北海道旧土人保護法」成立の経過

年	月日	事項
1898(明治31)年	7月23日	大隈重信(総理大臣)に板垣退助(内務大臣)が北海道旧土人保護法案提出
	12月6日	衆議院〔第一読会〕北海道旧土人保護法案上程(政府提出)
	12月8日	衆議院議長の指名により北海道旧土人保護法案委員選出。福田久松・阿部興人・小林乾一郎・奈須川光宝・下飯坂権三郎・杉田定一・磯田和蔵・熊代慊三郎・大久保鉄作
	12月9日	衆議院、北海道旧土人保護法案委員長ならびに理事の投票。委員長杉田定一、理事阿部興人
	12月24日	衆議院北海道旧土人保護法案委員会、政府委員白仁武〔一部修正〕
1899(明治32)年	1月18日	衆議院〔第一読会〕北海道旧土人保護法案審議、衆議院から貴族院に回付
	1月21日	貴族院〔第一読会〕北海道旧土人保護法案審議
	1月26日	貴族院議長の指名により北海道旧土人保護法案特別委員を選出。二条基弘・万里小路通房・小澤武雄・柴原和・鈴木大亮・時任為基・湯地定基・南郷茂光・森山茂
	1月31日	貴族院、北海道旧土人保護法案特別委員会委員長ならびに理事の投票。委員長二条基弘、理事小澤武雄
	2月9日	貴族院、北海道旧土人保護法案特別委員会、修正可決
	2月14日	貴族院〔第一読会〕北海道旧土人保護法案特別委員長報告、修正賛成
	2月15日	衆議院は、貴族院の回付に同意。片岡健吉(衆議院議長)が山県有朋(総理大臣)に法案の上奏を要請
	3月2日	北海道旧土人保護法公布

人《と》が理事に選出された。

委員会では、次のような議論が行なわれている。

十二月二十四日の委員会で委員の小林乾一郎は、土地の下付によってアイヌが農業を行なえるのか、と勧農の有効性を問い質した。政府委員の白仁武は、アイヌが十分な知識を有せず、移住してきた和人に圧迫されていることを最初に説明した。その上で無償の土地の下付により、アイヌを和人の侵害から守りさらに産業の奨励を行なうことが法案の目的である、と答弁している。委員の磯田和蔵は、アイヌは十分な知識を有していない、という白仁の答弁に対して、教育により発達する可能性があるのか、と質問した。白仁は、就学により発達の可能性はあり、「内地人《ないちじん》」▲と同様の教育の必要性を喚起《かんき》している。さらに磯田は、アイヌが所有する土地を侵害する「内地人」に対する取締法の有無を照会した。白仁はこれまで取締法がなく、そのため保護が十分達成されていない、と現状を説明している。

一方、委員の福田久松は、「共有財産」の内容について説明を求めた。白仁は、根室や十勝の「共有財産」の存在を指摘したが、具体的な内容や経過については

▼**内地人**　北海道や沖縄の人が、本州の人を指す言葉。ここでは、本州から北海道に移住してきた人を意味する。

説明しなかった。

このような委員会での審議を経て本会議に議案が戻された。本会議では、第一条による下付地が総計でどれくらいになるのか、という点と「共有財産」についての説明が求められた。

政府委員の白仁武は、これに次のように答えている。下付地については、一万七〇〇〇人のアイヌ全員が農業に従事するわけではないので、この人数を越えることはない。「共有財産」に関しては、「教育費」「十勝国共有財産」「日高国共有財産」の三つがその内容である。

衆議院では、アイヌの知識の不十分さと和人の流入により、アイヌが苦境に陥《おちい》り、それを保護するために法案が必要である、という議論であった。一部修正を受けて議案は貴族院に回付された。

貴族院での審議過程

貴族院ではより具体的なやり取りが行なわれることになった。貴族院では、一八九九年一月二十一日、審議が開始された。衆議院と同様に内務次官の松平正直が政府委員として法案の提出理由を開陳《かいちん》している。

貴族院議員の田中芳男は、アイヌと和人との土地所有の相違に関して質問している。これに対して政府委員の白仁は、アイヌも和人と同様の手続きにより土地の所有が可能である、と述べる。「保護法」による土地の下付の利点は、通常の土地所有の手続きと比較して簡便なことである、と回答している。さらにこの土地の問題に関して、貴族院議員船越衛《まもる》は、これまでアイヌの中に努力して開墾したにもかかわらず、和人に騙《だま》されたり、脅迫されて開墾地を放棄したものがある、と指摘した。これに対して政府委員の白仁は、アイヌがすでに開墾し下付を受けた土地が和人に奪われた、という事例があることを認め、「保護法」の第二条の土地に対する制限がこのような問題を解決するために付されている、と回答した。

この法案の審議で注目したいのは、曾我裕準による「北海道旧土人共有財産」についての質問である。曾我は、この「共有財産」を管理しているものが、株券を購入して失敗するなどの問題があったことを、アイヌやその関係者から訴えられたことがある、と述べたのである。

この質問に対して、白仁は、「十勝ノ土人ノ財産、先刻申上ゲマシタ第二ノ財産ハ是ハ唯今御話ノ通ニ頗《すこぶ》ル中途ニシテ乱雑ニ渉《わた》リマシテ」(『帝国議会貴族院議事速記録』)と、十勝アイヌの「共有財産」をめぐって問題が生じていたことを認めている。白仁は、一八九〇年から北海道庁長官が、「共有財産」を管理することができなくなり、北海道庁の理事官が個人の名義で管理していた事実を述べた。さらに白仁は、「共有財産」による株券購入で不都合があったことを認め、一八九二年からこの個人の名義での管理を中止して、アイヌが慕《した》う人物によってこれを管理させるようになった、と管理替えの経緯を説明している。しかし、この管理も問題が生じた、というのである。このように白仁は、十勝の「共有財産」の管理に関して問題が続いていたことを認め、その経緯を詳細に説明している。

貴族院でも、一八九九年一月二十六日、北海道旧土人保護法案特別委員(九人)が選出され、一月三十一日に委員長二条基弘と理事小澤武雄が選出された。委員会は、二月九日に開かれているが、特に新しい問題点は指摘されなかった。

土地問題と「共有財産」問題

衆議院と貴族院の法案の審議から、「北海道旧土人保護法」が政府から提案されるまでに、明治国家とアイヌの間に、少なくとも二つの問題があったことがわかる。一つは土地問題である。もう一つは、「共有財産」問題である。

土地問題に関しては、アイヌがすでに開墾して下付された土地が存在し、それが和人によって奪われていた、というのである。帝国議会の議員がこの問題を指摘した、というだけでなく政府委員の白仁武もこの点を認めていたことに留意したい。さらに「共有財産」問題に関しては、十勝アイヌの「共有財産」が不明朗な経過で処理されたことがわかる。この問題についても政府委員の白仁はその経過を熟知し、不明朗な経過があったことを認めている。

これらの問題は、いつごろから発生し、解決しなければならない問題として捉えられていたのであろうか。

実は、これらの問題は、政府が「保護法」を帝国議会に提出する以前の第八回と第五回の帝国議会においても審議されているのである。この二度の帝国議会における審議を、第八回・第五回とさかのぼり、検討することにしよう。

②帝国議会における「北海道土人保護法案」

第八回帝国議会と保護法案

政府が「北海道旧土人保護法」を提出する三年前の一八九五(明治二十八)年二月二十三日、第八回帝国議会において「北海道土人保護法案」が提出された。衆議院議員鈴木充美を含めた六人の提出者と二三人の賛成者による法案提出であった。衆議院は、一八九五年三月十四日、この法案の審議に入っている。

「北海道土人保護法案」は、全部で七条から構成されている。

第一条から第五条まではアイヌの土地問題に関係する規定である。第一条は、アイヌがすでに開墾した土地は、そのアイヌに対して所有権を与える規定である。第二条は、第一条による土地の規模について、一万五〇〇〇坪以内の場合には一万五〇〇〇坪に達するまでさらに未開墾地を居住地周辺において与える規定である。開墾地が無いアイヌに対しては、一万五〇〇〇坪の未開墾地を与える。第三条には、これらの方法によって土地を取得したアイヌであっても、通常の「北海道土地払下規則」▲によって土地の貸し下げを出願することができる、

▼**北海道土地払下規則**　一八八六年六月に施行された、北海道官有未開地の払い下げ規則。一人一〇万坪を払い下げる(条件により払い下げの拡大も可能である)。一〇年間の無償貸し下げの後、事業成功により坪一円で払い下げを受ける。

と記されている。第四条によれば、第一条および第二条で取得した土地は、取得したときから五〇年間、売買、譲与、質入、抵当を設定できない。第五条は、第二条によって付与された土地は一五年以内に開墾しなければならず、一五年を経過して開墾されていない場合は没収する、と規定している。

第六条には、アイヌによる土地の開墾と「共有金」の保存方法、教育の保護奨励、衛生などに関する「特別取締規則」を北海道庁長官が主務大臣の認可を得て制定するとある。第七条には、この法律を一八九六年四月一日から施行する、と記されている。

この鈴木等によって提出された「北海道土人保護法案」の第一条から第五条および第六条の一部は、アイヌの土地に関する法律なのである。

鈴木らが政府に提示した「質問」

鈴木等は、なぜこの時期に「北海道土人保護法案」を提出したのであろうか。法案の提出「理由」には、次のように述べられている。

北海道のアイヌは、日本人と人種が異なっている。しかし、アイヌは「日本臣民」である。アイヌに対する教育は不十分であり、そのため「智識」も十分とは言えない。このような理由からアイヌが「他人の為めに詐害を蒙り、彼ら（アイヌ）の労働により取得したる財産は殆んど無酬にて領奪せらるること往々にして少からず」（『第八回帝国議会衆議院議案』）であり、このような弊害を防止するために、特に法律を設けてアイヌの財産を保護しなければならない。

この提出「理由」に記されているアイヌをめぐる諸問題に関しては、法案提出と同じ二月二十三日に提出された「質問」に具体的に述べられている。その「質問」には、四つの問題が記されていた。

第一は、北海道のアイヌに対して教育資金やその他の奨励費用として宮内省、文部省、農商務省から付与された資金があるにもかかわらず、アイヌはそれらの実態や使途について知らされていない、という問題である。

第二は、北海道十勝国大津《おおつ》川沿岸のアイヌは、一八七〇年ころから一八七四年までの間に漁場の貸与によって三万円もの資金があった。その後、この資金の運用を開拓使▲に委任した。この資金により郵船会社の株券が購入された。しかし、その利殖の配分をアイヌは受けることなく今日にいたっている。鈴木等は、この株券の処理を問い質した。

▼開拓使　一八六九年に設置された北海道の行政を主管した機関。一八八二年に廃止される。

第三は、北海道日高国沙流《さる》郡において、アイヌの開墾した土地が和人の手に渡ってしまったという問題である。「質問」書によれば、経緯は以下の通りである。沙流郡の三カ村のアイヌたちが、農業のために土地を開墾した。その後、一八九二年の「北海道土地払下規則改正▲」により、土地の貸し下げに関して書類を提出するように通知された。そこで、土地を開墾したアイヌたちは、戸長役場と大谷博愛という人物を介して貸し下げを出願した。しかし、戸長の福島耕叟が、数人の和人と共謀してアイヌの土地取得の出願を正当に処理せず、福島らがこれらの土地を横領してしまったというのである。さらに、彼らはアイヌに対して小作料を要求し、支払いが不可能な場合には、土地を引き渡すように求めた、というのである。このような状況を指摘したうえで、「質問」書は、土地の貸し下げは、北海道庁における主任官吏の調査を経る必要があるにもかかわらず、そのような手続きも経ずに、アイヌが開墾した土地を他人に貸与した理由を問題にしている。

第四は、これも日高国沙流郡の三カ所のアイヌの「共有金」に関する問題である。この地域のアイヌは、共有金一六〇〇円の管理を「郡衙《ぐんが》」に委《ゆだ》ねたが、統率

▼**北海道土地払下規則改正**　この「改正」は一八九三年の「北海道土地払下規則施行手続」（北海道庁令第五号・三月二十四日）と「北海道土地払下規則施行手続取扱順序」（北海道庁訓第九一号・三月三十日）を指していると推定される。

していたアイヌが死亡したのち、「共有金」の管理は不明となり、一八九五年には三〇〇円になってしまった、と指摘する。

この「質問」内容の検討から、法案提出「理由」にあった問題の具体的内容を理解することができた。法案提出の背景には、アイヌの土地や財産に対する和人の不法な活動があった、と推定されるのである。

法案の主眼はアイヌの土地の保護

では、この法案の審議過程を見ていくことにしよう。法案提出者の一人である千葉胤昌《たねまさ》は、一八九五年三月十四日、衆議院において提出趣旨を説明した。特に、「質問」の第三番の問題に言及し、「縦令《たとえ》土人ト雖《いえど》モ己ノ開拓シタ土地ハ己ノ所有ニ帰スト云フ如キノ法律ヲ吾々ハ拵《こしら》ヘマシタノデゴザリマス」（『帝国議会衆議院議事速記録』）と指摘する。この発言によれば、この法案の提出の主眼が、すでにアイヌが開墾している土地を保護する、という点にあったことがわかる。

千葉は、委員会の設置ではなく、本会議で即座にこの法案を通過させようとした。これに対しては異論が提起された。それは、アイヌの範囲をどのように確定するのか、という問題であった。アイヌと和人との婚姻が進んでいる状況で、「アイヌ」を確定することの困難さが議論となった。政府委員の都築馨六《つづきけいろく》▲も同様の問題を指摘している。

　この法案に関する審査特別委員会が設置された。三月十八日に審査特別委員（九人）が指名され、三月十九日には、委員長千葉胤昌と理事金岡又《かなおかまた》左衛門《ざえもん》が選出されている。委員会における政府側の委員は都築馨六であった。

　この「北海道土人保護法案」に対する都築の態度は冷淡であった。「質問」に付された問題点を解明する、というのではなく、手続き上の問題を強調して実質的な審議に入ることを許さなかった。

　都築は言う。アイヌに対しては、すでに行政処分により学校や衛生に関して保護を与えており、これ以上特別な法律を施行する必要はない。さらに、戸籍にアイヌが明示されているわけではなく、法律によって保護を与えるにしても、アイヌを確定することは困難である。また、対雁《ついしかり》へ移住させた樺太アイヌ▲や色《しこ》丹《たん》へ移住させたアイヌ▲の例をあげて、アイヌが農耕を忌避《きひ》する、との認識を示して「北海道土人ハ尚ホ未タ狩猟時代ノ民ニシテ農耕時代ノ民ニアラス」（「北海

▼都築馨六　一八六一～一九二三年。一八八一年東京大学文学部卒業。ドイツ留学後八六年に外務省参事官となる。その後、内務省参事官・法制局参事官などを歴任し、九九年に貴族院議員となる。

▼対雁へ移住させた樺太アイヌ　樺太・千島交換条約によって、樺太アイヌは対雁への移住を強いられた。

▼色丹へ移住させたアイヌ　一八八四年に占守島《しゅむしゅ》から色丹島に九七名のアイヌが移住させられた。

道土人保護法審査特別委員会」)と明言している。

ここで委員長の千葉胤昌は、この問題を提起するにいたった経緯を次のように述べた。土地の貸し下げに関してアイヌの代表が出京して帝国議会に保護を求めたというのである。これは、沙流地域のナベサワサンロッテを指している、と推定される。この問題が帝国議会で取り上げられた背景には、アイヌの要請があったのである。

しかし、この問題は、解決されることなく打ち切られた。内務大臣野村靖は、一八九五年三月二十日、衆議院議長楠本正隆に対してこの問題に関する「答弁書」を提出し、質問に関する事実について調査中であり弁明することができないと述べ、法案の検討を打ち切った。しかし、もし調査により不当が見つかれば、処分を行なうとも記されている。

第八回議会の法案が投げかけた問題

この第八回帝国議会に提出された保護法案によって惹起《じゃっき》された問題は、内務省や北海道庁に大きな波紋を投げかけることになった。まず、内務大臣が「答弁書」の中で述べていたように、内務省ではアイヌの状況を十分に理解していなかった。これらの状況を受けて、北海道庁側では、アイヌに関する調査が行なわれることになった。この調査は、二つに分けることができる。一つは、北海道協会▲の会員である冨田鉄之助と小澤武雄が、一八九五年二月十八日、北海道庁長官北垣国道《きたがきくにみち》▲に送った調査依頼に対する回答（『北海道土人陳述書』）である。もう一つは、内務省の照会に北海道庁が作成した報告書である。

前者の北海道協会の会員から要請された書類から見ていくことにしよう。前者の調査依頼によれば、北海道の事情に通じた者一名（北海道毎日新聞社員の但木研北）とアイヌ（ナベサワサンロッテ）が貴族院議員の集まった席でアイヌ政策の批判を行なっているというのである。冨田と小澤は、この内容を送付して事実を照会し、もし内容が事実無根であれば「弁明書」を作成するように長官の北垣に求めたのである。

アイヌとその事情に通じた者が貴族院議員に陳述《ちんじゅつ》した内容は、「土人々口戸数」「風俗性情及現況」「現時境遇」「土人ノ共有金」「土人恩賜金」「土人ノ物産」の六点に分かれている。これらの陳述の内容が、第八回の土人保護法案提起の背景にあったことは間違いないであろう。たとえば、この「現時境遇」の項

▼**北海道協会**　一八九三年三月に北海道の開拓を推進する目的で設立された協会。初代の会頭には、近衛篤麿が就任している。

▼**北垣国道**　一八三六〜一九一六年。一八九二年に北海道庁長官となる。九六年拓殖務次官に転出する。九三年の「北海道開拓意見具申書」をはじめ、積極的な北海道開発を進め、特に鉄道整備などで大きな足跡を残した。

目には、日高国沙流郡のアイヌが戸長役場の役人と大谷博愛を通じて土地の取得を申請した経緯が述べられている。さらに、「土人ノ共有金」の項では、十勝国大津川のアイヌの「共有金」の経過が述べられている。これらの文書には、法案を提起する際の「質問」には記されなかった、和人とアイヌの紛争や問題がさらに詳細に記されている。

このアイヌの陳述に対して、北海道庁長官の北垣は、三月十一日、「弁明書」を添えた手紙を小澤と富田に送付している。北垣は、これまでアイヌの保護に留意してきたことを述べた上で、決して道庁側でアイヌを迫害するようなことはない、と述べる。もし、アイヌが苦境にあったとしても、それは生存競争の結果なのであり、「貧者カ富者ノ為メニ凌駕セラレ候様ノ事」(『北海道土人陳述書』)は免れないと記している。さらに先の陳述の六つの点に関して、詳細な「弁明書」を作成し、事実無根とこれらの問題を退けている。

後者の内務省からの照会の経緯と道庁側の回答も見ておきたい。北垣に対して、一八九五年二月二十八日、その照会は到着した。北垣は、十一月二十七日、内務省県治局長江木千之あてに質問された三つの問題に回答している。

第一は「宮内省ノ恩賜金及文部省下付金ノ件」である。第二は、「十勝国旧土人共有金之件」である。第三は「日高国沙流郡紫雲古津《しうんこつ》村外二ケ村土人共有金ノ内共同貯蓄ニ係ル分」である。

第一は、一八九五年以前のアイヌに関する保護と「共有財産」（宮内省の恩賜金と文部省の下付金）に関する経過を説明している。第二では、十勝国の「共有財産」が一時的に「郡長」によって管理されたことがあるが、それは個人の資格で行なわれたもの、と回答している。第三の沙流郡の「共有金」に関しては、沙流郡の総代人と協議の上で使用しており、問題は無いと述べる。このように、北垣が内務省へ送った調査内容によれば、問題の中心はアイヌの「共有金」の管理であったことがわかる。しかし、この調査によれば、「共有金」は適切に処理されていたことになっている。

北海道庁によって作成された二つの報告書から次の点に留意しておきたい。一つは、アイヌの土地に関する問題である。「弁明書」は、アイヌが開墾した土地が他人のものになることは無い根拠として、一八七七年の「北海道地券発行条例▲」の第一六条の規定をあげている。この規定は、アイヌの土地を一時的に

▼**「北海道地券発行条例」**　一八七七年十二月に制定。同条例の第二章第一六条には「旧土人住居ノ地所ハ其種類ヲ問ス当分総テ官有地第三種ニ編入スヘシ。但地方ノ景況ト旧土人ノ情態ニ因リ成規ノ処分ヲ為ス事アルヘシ」とある。

保護するために国有地とみなす規定である。この規定があるので、アイヌの土地が和人のものになる可能性はない、と指摘する。この点は後に再検討する。もう一つは、「共有金」が適正に処理されていたという点である。この点も、後に十勝アイヌの共有金問題で再検討する。

旧土人保護法の原型となった規則案

先の二点を保留したうえで、この『北海道土人陳述書』の内容で触れておきたいことがある。この『北海道土人陳述書』の中に「勅令案　北海道旧土人保護規則」という書類が所収されている。

この「規則」は、全部で七条からなっている。第一条では、農業を行なう者に一戸三〇〇〇坪を与え、民法の相続以外で譲渡することができない、と規定されている。第二条には、貧困により農具や種子を購入できないものに対しては、それらを給与する、と記されている。第三条は、病気になり自費で治療できないアイヌに対して医薬を給与する規定である。第四条は、生活難にあるアイヌを救助し、死亡したアイヌに埋葬料を給与する規定である。第五条は、アイヌの村落への小学校の設置である。第六条は、「共有財産」を北海道庁長官が管理する規定である。第七条は、アイヌの戸籍に関して、海外旅行・出産・死亡申告以外で届けを出す必要はない、と記している。

この「勅令案　北海道旧土人保護規則」は内務大臣に対して建議されている。建議の主体は、北海道庁であろう。では、いつごろこの「保護規則」は建議されたのであろうか。この点については、以下の資料からおよその時期が推定できる。

一つは、それまで道庁において管理してきた「共有財産」が会計法の実施によってできなくなったため、「規則」が必要になったと記されている。いわゆる会計法が作られるのが一八八九年なので、それ以後に、この「旧土人保護規則」が作成されたと考えられる。

もう一つは、新聞記事である。一八九七年七月二十七日付『小樽新聞』には、「旧土人保護条例」と題する記事が掲載されている。この記事によれば、当時拓殖務省の参事官である白仁武がアイヌ保護に関する法案を起案中であり、本年の議会に提出されるというのである。白仁は、同年七月の段階で、アイヌに対する保護政策を検討していたことがわかる。さらに、この記事で留意したいの

▼**会計法**　一八八一年に会計法が成立し、一八八九年に改定していわゆる明治会計法が作られ、大正期まで運用された。

▼**「旧土人保護条例」と題する記事**　「先年内務省に於て否決したる本道旧土人保護の件は目下拓殖務省参事官白仁武氏に於て起案中なるが省議を経たる上は本年の議会に提出する由なり」（『小樽新聞』一八九七年七月二十七日〈一〇五二号〉）

▼**拓殖務省**　一八九六年に台湾と北海道の開発を主管するために設置された省庁。翌九七年に廃止される。

●舊土人の保護に就て　舊土人《きうどじん》即《すなは》ちアイヌ人種《じんしゆ》の保護《ほご》に就《つい》ては拓殖務省存命《たくしよくむしやうそんめい》の當時《たうじ》より白仁參事《しらひとさんじ》官《くわん》の手《て》に調査《てうさ》されし筈《はず》にて其後《そのご》の經過《けいくわ》を知《し》る能《あた》はざれど兎《と》に角《かく》法律《はふりつ》を設《まう》けて土人《どじん》を保護《ほご》するには其間《そのかん》多少《たせう》の研究《けんきう》を要《えう》するものあらん之《これ》を人種生存《じんしゆせいぞん》の上《うへ》より考《かんが》へ種々《しゆ〴〵》の意見《いけん》もある由《よし》なるが一説《せつ》にアイヌ死生《しせい》の統計《とうけい》は一向當《かうあて》にならず其統計案《そのとうけいあん》に年々死滅《ねん〳〵しめつ》の傾向《けいかう》を示《しめ》しあれど實際《じつさい》然《しか》らずして畢竟統計《ひつきやうとうけい》の不正確《ふせいかく》に因《いん》すと云《い》ふ者《もの》あり其理由《そのりいう》は第《だい》一アイヌ死亡《しばう》の際《さい》は是非《ぜひ》届出《とゞけいづ》る事《こと》になり居《を》るを以《もつ》て多《おほ》くは統計《とうけい》に漏《も》れざるも生兒《せいじ》の際《さい》は多《おほ》く届出《とゞけいで》を忘《わす》るの慣習《くわんしふ》あり之《これ》統計《とうけい》に死亡《しばう》多《おほ》くして生兒少《せいじすくな》き故《ゆゑ》ならんと云《い》ふ果《はた》して如何《いかん》のものにや又教育者《またけういくしや》は近來《きんらい》アイヌの教育《けういく》に關《くわん》し種々《しゆ〴〵》の議論《ぎろん》あれど重野博士《しげのはかせ》の私見《しけん》によればアイヌ人種《じんしゆ》は固《もと》と心身《しんしん》の發育《はついく》日本人《にほんじん》と異《こと》なるものにして不完全極《ふくわんぜんきは》まるにより日本人《にほんじん》と共《とも》に同一《どういつ》教育《けういく》を施《ほどこ》すは無理《むり》ならんと而《しか》して其人物改良《そのじんぶつかいりやう》の問題《もんだい》は之《これ》に伴《ともな》ふて大《おほい》に研究《けんきう》を要《えう》する事《こと》ならんと云《い》ふ

●——「旧土人の保護に就て」　『小樽新聞』明治30年10月３日

●北海道土人保護に關する法案　北海道《ほくかいだう》の土人《どじん》アイヌは人類生存《じんるいせいぞん》の原理《げんり》に伴《ともな》ひ優勝劣敗《いうしようれつぱい》の結果《けつくわ》として年々其數《ねん〳〵そのすう》を減《げん》じ目下《もくか》の處《ところ》にては其數凡《そのすうおよそ》二萬内外《まんないぐわい》の由《よし》なるが内地人《ないちじん》の同地《どうち》に入込《いりこ》みし以來別段《いらいべつだん》の取締法《とりしまりはふ》なき爲《た》め彼等《かれら》は祖先《そせん》より永住《えいぢう》せる山野《さんや》を逐《お》はれ且《か》つ彼等《かれら》の生活《せいくわつ》の根據《こんきよ》たりし鮭《さけ》、鰊漁場の如《ごと》きも人工孵化場設立《じんこうふくわぢやうせつりつ》の爲《た》め自然内地人《しぜんないちじん》に奪《うば》ひ去《さ》られ今日《こんにち》にては土人《どじん》は單《たん》に下等勞働者《かとうらうどうしや》として驅使《くし》るゝのみか或《あるひ》は内地人《ないちじん》にして情沒人の行爲《かうゐ》を加《くわ》ふる者《もの》あれば之《これ》を制《せい》せん爲《た》め北海道局《ほくかいだうきよく》に於《おい》ては米人《べいじん》レッド、インデアンに對《たい》する保護條例《ほごでうれい》の如《ごと》きものを制定《せいてい》せんとて目下取調中《もくかとりしらべちう》なりと又豫《またかね》て陛下《へいか》より土人教育費《どじんけういくひ》として下賜《かし》せられたる金員《きんゐん》及《および》道廳《だうちやう》より支出《しゝゆつ》する同教育費等《どうけういくひとう》も同廳長官《どうちやうちやうくわん》の見込《みこみ》を以《もつ》て之《これ》を處分《しよぶん》し土人《どじん》をして文華《ぶんくわ》に浴《よく》せしむるの設備《せつび》を爲《な》す筈《はず》なりと云《い》ふ(帝通)

●——「北海道土人保護に関する法案」　『小樽新聞』明治30年10月14日

は、数年前に内務省で否決されたアイヌの保護法案があると記されている点である。

さらに参考として、後に「北海道旧土人保護法」の制定に関与する白仁武が「アイヌ人保護」と題して一八九四年五月十日に行なった講演内容に触れておきたい。この講演で、白仁は、後の「北海道旧土人保護法」の骨子となる問題について次のように発言している。白仁は、北海道庁地理課長として、アイヌの「第一、土地に関する事」「第二、衛生に関する事」「第三、禁酒に関する事」「第四、教育に関する事」「第五、戸籍に関する事」「第六、財産に関する事」の六点について述べ、最後に次のように指摘している。

此外尚規定すべき細則はあるへきも、先づ予〔白仁武〕が旧土人保護に関する意見の大要は是なり、思ふにこの数件にして果たして規定せられんか、必らず救助の目的を達し得べしと信ず、昨年第五議会にても、加藤政之助氏の手によりて、旧土人保護律なる者をも提出したれども、未だ輿論を喚起するの力なくして、不幸にも廃案となりたり、併し冀《こいねがわ》くは我等同志の者、心を協《あ》はせ力を戮《あ》はせ、倶に称道《しょうどう》▲黽勉《びんべん》▲して、以て漸次実行の機を造らんこ

▼称道　いいとなえること。
▼黽勉　精を出すこと。

と切望に堪へさるなり（『護国之楯』五四号、一八九四年〔小川正人・山田伸一編『アイヌ民族近代の記録』草風館〕）

このように白仁は「保護法」の必要性をこの時点で理解していたのである。この白仁の発言からただちに「勅令案　北海道旧土人保護規則」の時期を正確に確定できるわけではない。しかし、政府側が「保護法」の必要性を明治二十年代後半に自覚していた証拠となるであろう。この点は、特に富田虎男氏の研究（「北海道旧土人保護法とドーズ法」）を参照した。

先の『北海道土人陳述書』の資料を考え合わせると、北海道庁が数年前に内務省に提出した「北海道旧土人保護規則」は、内務省で一度否決された、と推定される。その後、一八九七年、拓殖務省の白仁武が法案を起案して、「北海道土人保護法」の提出に至ったのである。

このように『北海道土人陳述書』に掲載されている「旧土人保護規則」が、後の「北海道旧土人保護法」の原型と捉えることができるであろう。そして、「保護規則」は、行政側が明治二十年代後半に「保護法」の必要性を認識していた証左となるであろう。

▼加藤政之助　一八五四〜一九四一年。慶応義塾大学卒業後、埼玉県議会議員を皮切りに政界や言論界で活躍する。第五回帝国議会で「北海道土人保護法案」を提出する。

第五回帝国議会と保護法案

では次に時間軸をさかのぼり、第五回帝国議会での審議過程をみていくことにしよう。

帝国議会では、明治二十年代半ばに議員提出による保護法案が審議されている。衆議院議員加藤政之助▲は賛成者三〇名を得て、一八九三(明治二十六)年十一月二十八日、九カ条からなる「北海道土人保護法案」を提出した。先の第八回帝国議会の二年前のことである。

この第五回帝国議会に提出された「北海道土人保護法案」の内容は、次のようなものであった。

第一条は、北海道庁長官が、アイヌに対して土地の開墾と農業を奨励する規定である。第二条は、農業を希望するアイヌに対して居住地の付近において六〇〇〇〜一万坪の未開墾地を付与する規定である。第三条は、土地の開墾を行なうアイヌに対して農具料(二〇円)ならびに種穀料(一反歩ごとに二円)を給与する。第四条は、開墾した土地は三〇年間、売買や譲渡を禁止する、と規定する。ただし、正当な相続人への譲渡と子弟に分与する場合は例外である。第五条は、一五年間未開墾の場合は土地を没収する、と規定する。第六条は、北海道庁長官がアイヌへの教育を推進する。第七条は、アイヌの就学児童への授業料の免除と必要な費用（教科書・用具料として半年に一円）の支給である。第八条は、衛生の向上である。第九条は、重病アイヌに対する医療行為の規定である。

農業の奨励に主眼をおいた意図

「法案」を見る限り、この「法案」の主眼はアイヌに対する農業の奨励にあるように見える。なぜ加藤政之助は、この時期にアイヌへ土地を下付し、農業を奨励しようと意図したのであろうか。加藤の法案提出「理由」と、衆議院における審議過程の検討を通じて、この問題を考えていくことにしよう。

法案提出「理由」には、次のように記されている。「内地人」の流入により、アイヌが彼らとの競争を強いられることになった。アイヌは、「優勝劣敗」により、生存することができなくなり、北海道の内部に退いた。さらに人口も減少し、一万九二〇〇人にも満たない状況にある。アイヌは、十分な知識を有していないため現行法を利用して土地の所有権を得ることができない。そのため、アイヌ自身の居住地さえも、「内地人」のものとなってしまい、アイヌは流離し苦し

▼場所請負制度　三ページの頭注参照。

い状況に置かれている。このままアイヌが絶滅するのは「東洋君子国タル本邦人ノ忍ヒサル」（「第五回帝国議会衆議院議案」）ところである。そこで、「保護法」によってアイヌの人種を存続させる必要がある。

加藤は、この「理由」書に記されたアイヌの苦境を衆議院本会議ならびに委員会において具体的に説明している。第一に、加藤は、後志《しりべし》国の瀬棚《せたな》郡のアイヌが急激に減少した事例を示し、「内地人」がアイヌを圧迫したため、と説明している。第二に、北海道庁の役人がアイヌを「虐遇」しただけでなく、アイヌの金銭を喪失してしまった事例として十勝《とかち》国の大津川の漁業問題をあげる。

大津川は、鮭や鱒などの豊富な漁場であった。明治維新以後、政府は「場所請負制度▲」を廃止し、大津川沿岸のアイヌは、良好な漁場を数カ所持つことになった。彼らはこれらの漁場の貸与や売買によって一八七四年には、三万円程の金銭を保有していたというのである。アイヌが、その後この金銭の保護と利殖を北海道庁に申し出たため、製麻会社や製糖会社の株券が購入されることになった。しかし、いまだアイヌはこの株による配当も得ていない、と加藤は問題点を指摘する。結局、十勝のこのアイヌは居住地も失って、山や海で獲物を捕って生活するか、他人の下働きをするしか生活の手立てもなくなってしまった、というのである。加藤は、アイヌの苦境を法的知識の不十分さに求める一方で、「内地人」の圧迫や道庁の「共有金」の取り扱いの問題を指摘したのである。

さらに本会議では、アイヌの農業問題に関して二つの質問がなされた。一つは、アイヌと農業の関係である。衆議院議員百万梅治《ひゃくまんうめはる》は、かつて北海道庁がアイヌに対して農業を奨励したことがあるが、アイヌが農業を忌避したために成功しなかったと述べて、アイヌの農業に対する適性を問題にした。これに対して加藤は、アイヌが十勝や日高などでは実際に農業に従事している、とこの意見に反駁《はんばく》している。

もう一つは、第三条の農具料(二〇円)と種穀料(二円)は、全体でどれくらいの金額になるのか、という質問である。加藤は、北海道のアイヌは、全体で四〇〇〇戸ほど、と指摘したうえで、一〇〇〇戸は、他に生業があり農業には従事しない。残りの三〇〇〇戸が農業に従事すると想定し、一戸平均二町歩の種穀料は一二万円(一〇年間)、農具料は六万円(五年間)にのぼる、と算出している。

▼渡辺千秋　一八四三〜一九二一年。一八九一年から九二年まで北海道庁長官を務める。

この答弁で指摘しておきたいのは、アイヌの中にすでに農業に従事しているものがいることである。さらに、加藤がこの法案によって、アイヌ全体を勧農の対象にしていなかった点である。

特別委員会での審議

この「北海道土人保護法案」の審議のために特別委員会が設置された。加藤政之助を含め九人の特別委員が指名された。委員長には加藤政之助が、理事には角利助《すみりすけ》が選出されている。特別委員会は、一八九三年十二月八日、政府委員渡辺千秋《ちあき》▲・都築馨六出席のもとで開かれた。

法案全体に対して意見を求められた政府委員の渡辺千秋は、一八九四年度予算として計上している「北海道教育費衛生費」等が実際には、アイヌに多く分配されていること、さらにアイヌが農業を決して好まず、農業奨励のために金銭を給与しても効果があがるとは思えない、と意見を述べている。しかし、ここで委員の飯村丈三郎は、『アイヌ風俗誌』という書物を根拠に日高地域のアイヌが農業を行なっている事例があるのではないか、と質問した。委員の渡辺は、沙流地域などではアイヌが農業を実施しているのを認め、アイヌが農業を行なう能力がないというのではなく、アイヌの特性として集住するのを嫌うと答弁している。加藤も、日高《ひだか》近隣の多くのアイヌが農業に従事している、と指摘して、性質上アイヌが農業を好まないという意見に再び反駁し、保護によって効果が期待できると述べる。

一方、政府委員の都築馨六は、アイヌをどのように認定するのか、という原則論を提起した。飯村も同様に「保護法案」を採択できない理由の一つにこのアイヌの選定の難しさをあげている。

法案制定意図とかみ合わない議論

特別委員会の議論を受けて、一八九三年十二月十五日、本会議で法案が再び検討されることになった。まず最初に、第一条(北海道庁長官がアイヌへの勧農を推進する)・第六条(長官がアイヌの就学児童を持つ親に就学を求める)・第八条(長官がアイヌに対して衛生上の注意を促す)が削除された。第二条に関しては、三〇年後に地価を定めて地租を課すことになった。第三条の「農具料」と「種穀料」は現物支給となり、第七条の就学者への授業料は徴収されることになった。

しかし、このような改定作業も成果を見ることはなかった。委員会で提出された「少数意見」が保護法を廃案へと追いやってしまったからである。

この「少数意見」は、角利助・飯村丈三郎・大野亀三郎により、十二月一日、楠本正隆(衆議院副議長)に提出されていた。その「少数意見」は、この法案が北海道のアイヌの保護を目的とすることは認めるものの、法案の実施によってその目的を達成することはできないと指摘し、本案の否決を求めている。

この「少数意見」の趣旨を角利助は本会議で次のように述べた。角は、この保護法の眼目がアイヌへの勧農政策であることを認める。その上で、アイヌを生活様式から三つに分け、勧農政策の問題点を指摘した。第一は、農業に従事するアイヌである。第二は、漁業に従事するアイヌである。第三は、熊を捕るなど狩猟に従事するアイヌである。この法案に直接関係するのは、第三のアイヌたちである。しかし、彼らは結束力に乏しく、居住地も一定ではないので、農業をさせることは困難である。このように、狩猟を生業とするアイヌへの勧農の困難さを強調したのである。

しかし、この「少数意見」は、「保護法」の制定意図という点から考えると、加藤の趣旨とは噛み合わないところがある。加藤は、アイヌが「内地人」の流入によって居住地さえも失っているという状況に対応して「保護法」を制定しようとするのに対し、角等の「少数意見」は、狩猟を生業とするアイヌたちに農業を実施させることは困難である、という立場から反対している。また多くの議員が、アイヌの農業に対する適性を問題にして、法案に反対したのである。結局、この法案は、少数意見の影響で実現できなかった。

この第五回の帝国議会に提出された「保護法」で指摘しておきたいのは、法案提出者の加藤がアイヌの土地の喪失という事態を受けて「保護法」を提出していた、という点である。つまり、保護法案が帝国議会で議論された当初から、アイヌの土地を保護することが、法案の主要な眼目であったということである。

成立過程に常に存在した二つの問題

「北海道旧土人保護法」の成立過程を、第八回と第五回の帝国議会までさかのぼって考察した。この「保護法」の成立過程を見ていくと、常に二つの点が問題となっていたことがわかる。一つは、土地問題である。もう一つは、十勝アイヌの「共有金」問題を中心とした「共有財産」問題である。

土地問題に関しては、和人の流入とアイヌの土地取得に対する認識不足や欺《ぎ》瞞《まん》によって発生した、と指摘されている。「保護法」の制定意図にこのような問題を解決する、という点が含まれていたとすれば、勧農政策と土地問題の関係をより明確にする必要があろう。この点で参考になるのは、第五回の衆議院の議論である。この議論で北海道庁がすでにアイヌに対して勧農政策を展開していたことを窺《うかが》うことができる。道庁が勧農政策を実施してきたとすれば、「北海道旧土人保護法」の土地の下付による勧農と、どのような相違があるのだろうか。この点は次章でさらに考察したい。

「共有財産」問題に関しては、会計法の実施によって北海道庁による「共有金」の管理が不可能になり、その管理にあたった者が問題を起こしたと指摘されている。しかし、法的には道庁と関連はなく、個人の資格によって行なわれたと説明されている。会計法以後、道庁はこの問題に関与していなかったのであろうか。この点も後にくわしく検討してみよう。

③—アイヌ社会と勧農政策

明治初期のアイヌと農業

議論を進めるにあたって、アイヌと農業の関係について確認しておきたい。一八九三(明治二十六)年十一月の第五回帝国議会で加藤政之助が指摘しているように、「保護法」の施行以前にアイヌが農業に従事していたのは明白である。さらに後述する根室県や札幌県における一連の勧農政策が展開される以前から、アイヌは農業に従事している。たとえば、明治初期、開拓使の松本十郎▲判官は、『北国控▲』と題する日記の中で沙流《さる》地域のアイヌが粟《あわ》や稗《ひえ》を耕作して食料不足を補っている事例を書き記している。さらに、新冠《にいかっぷ》周辺のアイヌは粟・稗だけでなく、大豆・五升芋・大根を作り食料とし、大豆にいたってはアイヌ側の交易品の一つとなっていた。

このようなアイヌの農業は、明治初期において多くの事例があり、アイヌが農業に適応する能力がない、という認識は先入観にすぎない。たしかに、明治政府が導入する大規模な農業がアイヌ社会で展開していたわけではないが、ア

▼松本十郎　元庄内藩士。開拓判官として長官黒田清隆の北方経営に大きな影響を与える。樺太・千島交換条約で樺太アイヌの処遇に異議を唱え、樺太アイヌの保護に尽力したと言われている。

▼『北国控』　根室地域を統括していた開拓判官松本十郎の日記。

イヌには農業に対する適応能力がない、という理解は正当ではない。

三県時代のアイヌ保護政策と勧農

北海道では、開拓使廃止後の三県時代▲に、すでに勧農政策が展開されていた。根室県令の湯地《ゆち》定基《さだもと》は、一八八二（明治十五）年十一月、西郷従道（農商務卿）と山田顕義（内務卿）に「旧土人救済ノ義ニ付伺《うかがい》」を出し、アイヌの救済を求めた。和人の増加と一八七八年の天候不順による鹿の減少から、アイヌが飢餓に陥っていると指摘し、これらのアイヌの救済のために馬鈴薯《ばれいしょ》などの農業を奨励したいと願い出た。

山田顕義（内務卿）・松方正義（大蔵卿）・西郷従道（農商務卿代理）は、一八八三年三月、根室県令のこの要請を受けて、根室県のアイヌ（三三六七人）への救済費支給を三条実美（太政大臣）に求めた。救済費は、一年につき五〇〇〇円である。この上申は同年七月二十七日、承認された。

根室県は「根室県管内旧土人救済方法」と題する救済策の計画書を作成している。計画の必要性については、移民の増加による獣猟《じゅうりょう》と漁業の減少によるアイ

▼**三県時代**　一八八二年に開拓使が廃止されてから、北海道行政は札幌県・根室県・函館県の三県によって行なわれた。北海道庁が設置される一八八六年までを三県時代と呼ぶ。

ヌの窮乏をあげ、実施期間は、一八八四年から八八年までの五カ年間を予定している。根室管内の八二五戸のアイヌに対して、毎年六五戸ずつ農業を教授する計画であった。

下付地の規模については、家族の構成人数により一戸五反歩から一町歩の地所を下付することになっている。開墾が成功した場合には、一〇〇〇坪につき五〇銭の割合で五カ年以内に土地代金の支払いを行なう。また、初年に限り農具と種子(馬鈴薯・蕎麦・玉葱・練馬大根)を給与することになった。さらに収穫物のうち剰余の分は、勧業課が販売を援助し、さらにアイヌが生活に必要な物品の購入もサポートすることになった。

この政策を円滑に進めるために郡ごとに「伍長《ごちょう》」が選任された。また、教育にも配慮して、郡ごとに家屋を選定して学齢児童を集めて言語を教えることも予定されている。

さらに、二年から三年が経過した後に、一〇万から一五万坪の土地を選定して「共同開墾場」を作ることも構想している。この「共同開墾場」では、種子は各アイヌがもちより、根室県からは西洋農具を給与する、というのである。この

「共同開墾場」における利益金は勧業課が管理し、凶荒予備と学校維持のために使用する。

この施策で注目されるのは、救済方法の柔軟性である。山中のアイヌは、冬期間、適宜《てきぎ》銃猟を許されているし、海岸や市街に隣接する場所に居住するアイヌは、漁業も認められている。これまでのアイヌの生活慣習をある程度尊重したうえで、勧農政策が計画されているのである。

この勧農政策の結果についても確認しておきたい。官報に掲載された「根室県旧土人撫育《ぶいく》開墾ノ概況」(「農商務省報告」一八八四年六月七日)によれば、一八八三年五月に根室県勧業課の課員が農具と種子を携帯して足寄《あしょろ》地域で馬鈴薯、玉葱、大麦などを播種《はしゅ》したところ、馬鈴薯などは播種の時期が遅れたにもかかわらず成功した、と記されている。この記事によれば、アイヌは当初農業に積極的ではなかったが、馬鈴薯の収穫の多さに歓喜した、とある。また、このようなアイヌ救済策が実施されたのは、移民の増加と一八七八年の大雪による鹿などの減少が理由と記されている。

札幌県でもアイヌの救済事業が実施されることになった。札幌県の県令調所《ずしょ》広丈《ひろたけ》は、一八八四年十二月二十二日、山県有朋(内務卿)・松方正義(大蔵卿)・西郷従道(農商務卿)に「旧土人救済ノ義ニ付伺」を出し、札幌県におけるアイヌの救済事業の必要性を上申した。

調所は、次のように指摘している。移住民の増加により漁猟を行なう者が増加し、アイヌは「深山」などに追いやられてしまった。そこでアイヌは食料確保が困難になり、さらに五、六年前の大雪により食料となる鹿なども激減してしまった。とりわけ、胆振《いぶり》、日高《ひだか》、十勝《とかち》の三国は過酷な状況であり、金銭や食料を給与するなどの対策を講じてきた。しかし、このような対応は応急処置に過ぎない。アイヌの中には移住民にならい農業を試みるものがあるが、技術的な未熟さから成功していない。そこで行政側が援助してアイヌが農業によって生計を立てられるようにすべきである。そして、その費用を毎年七〇〇〇円ずつ一〇年間分要求したのである。

内務卿、大蔵卿、農商務卿の連署で「旧土人救済之儀ニ付伺」が、一八八五年三月五日、太政大臣三条実美に出された。この上申でも、農耕の奨励によってアイヌを自立させることが政策の主眼となっている。この上申は、一八八五年三月二十四日、認可された。

三県時代の勧農政策と保護法

このように農業をアイヌに奨励するという点は、明治十年代後半から北海道で広く実施されていた。問題は、「北海道旧土人保護法」が、このような農業奨励策とどのような関係にあるか、という点である。アイヌに農業を奨励する、という点から見れば三県時代の勧農政策と「北海道旧土人保護法」のそれは類似している。明治政府は、なぜ新たに「北海道旧土人保護法」を制定して農業を行なわせようとしたのであろうか。

これまで見てきた法案の審議の検討は、この疑問に対して多くの示唆《しさ》を与えてくれる。審議の過程で常に問題になっていたのは、アイヌの土地問題であった。「北海道旧土人保護法」の審議のなかで、貴族院議員の船越衛が述べていた和人によるアイヌの土地の奪取という事態は、政府委員の白仁武も認めるところであった。第八回帝国議会では、戸長の福島耕叟が数人の和人と共謀してアイヌの開拓地を奪取したと批判されていた。第五回帝国議会では、加藤政之助が和人のためにアイヌが居住地さえも失っている、と窮乏を訴えていた。

さらに、先の政府委員の白仁武は、一八九四年五月の講演の中で、アイヌへの土地の下付が必要であると述べたうえで、「世の奸徒《かんと》」の中にアイヌの土地の目印をはずしてわからなくしてしまおう、とする者までいると述べる。そして「今これを防禦《ぼうぎょ》し、其所有権の確実を図るは頗《すこぶ》る緊急のことなりとす▲」（『護国の楯』五四（『アイヌ民族近代の記録』））と、アイヌの土地の所有権を確実にする必要がある、と述べている。三県時代の勧農政策の延長では問題が解決しなかった理由の一つは、この土地問題があったからではないだろうか。

実際、北海道庁に所蔵されている内務省社会局の資料は後に「北海道旧土人保護法」の制定の理由の一つとして、この土地問題をあげているのである。「保護法」の改正時に作られた『北海道旧土人保護法改正　昭和十二年度』は、「旧土人保護法ノ制定ノ理由及之ガ改正ヲ必要トスル理由如何《いかん》」という想定問答の解答に次のように記している（次ページ資料参照）。

維新政府は、アイヌを漁猟から農業に転向させるために、一八七二年の「土地払下規則▲」により土地を給与したが、漁猟中心の生活は変わらず、給与された土地も喪失してしまった。さらに一八七七年の「北海道地券発行条例」により、

▼**白仁の発言**　この発言は三〇ページの「第一、土地に関する事」の内容である。

▼**一八七二年の「土地払下規則」**　「地所規則」（一八七二年九月制定）を指していると推定される。

改正法ニ関スル事項

改正法全体ニ対ス総体質問

問　旧土人保護法ノ制定ノ理由及之ガ改正ヲ必要トスル理由如何

答　明治ノ新政成ルヤ政府ハ北海道全土ノ土地ヲ挙ゲテ国有ト為シ、之ヲ開拓スルニ内地移民ヲ以テシタル結果、頓ニ人口ノ増加ヲ来シ、天然資源モ亦随ツテ激減シ之ガタメニ仝族ハ著シク生活上ノ窮乏ヲ告クルニ至レリ

茲ニ於テ政府ハ従来漁猟ノ民タリシ仝族ヲシテ農牧ノ民ニ転向セシメ以テ其ノ生活ノ安定ヲ図ラムトシ、明治五年制定ノ土地払下規則ニ依リ一般和人仝様土地ヲ給与シタリシガ既往久シク漁藻ノ裡ニ育チ土地管理ノ能力ニ乏シキ仝族ハ不正和人ニ乗セラレ容易ニ之ヲ喪失シ瞬ク苦境ニ陥レリ

仍而明治十年北海道地券発行条例ヲ制定シ其ノ第十六条ニ依リ土人ノ土地ハ当分ノ内官有地ニ編入シ彼等ニハ単ニ事実上ノ占有ヲ為サシムルニ停メ以テ之ガ簒奪ヲ防ギタリ

然ルニ右ハ表面上官有地ニシテ一般官有地ト異ル処ナキヲ以テ、係役人ノ交迭

ニ伴ヒ漸次之等ノ沿革ガ忘レラレ一般官有地ト誤認シテ払下ゲ処分ヲ行フ等、取扱上幾多複雑ナル情弊ヲ醸シ、永ク此侭ニ放任シ難キ事情ニ逢着シタルノミナラズ、他面仝族等ハ周囲生活様式ノ変遷ニ遭遇シ一般和人ニ伍シテ生活戦線ニ競争スル能ハズ極度ニ貧窮ニ陥レリ、仍而茲ニ之ガ解決並ニ同化向上ヲ図ル為、保護制度ノ確立ヲ期スル必要ニ迫ラレタルヲ以テ明治三十二年北海道旧土人保護法ヲ制定シ以テ明治当初以来施行シ来レル保護対策ヲ制度化シ体系ヲ整ヘタリ

本法ノ目的ハ之ヲ大別スレバ勧農、教育、救助、救療ノ四項目ニ岐タレ、即チ一定ノ制限ヲ附シテ土地ヲ給与シ農耕ヲ勧メテ経済的安定ヲ図リ、教育ヲ施シテ智育ノ向上ト同化ヲ促進シ困窮者ヲ救助救療シテ其ノ処ヲ得セシメムトスルニアリテ是ヲ要スルニ勧農及同化主義ヲ以テ根本政策ト為セリ

爾来今日ニ及ベル処其ノ間本道拓殖ノ進歩ニ伴ヒ四囲ノ事情著シク変化シ仝族モ亦長足ノ同化向上ヲ遂ゲタル結果、本法ハ旧土人現時ノ生活状況ト接触セサルニ至リシヲ以テ茲ニ本法ヲ改正シ、仝族ノ保護施設ノ完璧ヲ期セムトスル所以ナリ

（傍線は著者）

（『昭和十二年北海道旧土人保護法改正ニ関スル書類』Ba—20』）

▼アイヌの土地の「官有地」への編入　これを規定した「北海道地券発行条例」一六条は二六ページの頭注参照。

アイヌの土地は当分の間「官有地」に編入▲し、喪失を防止した。しかし、長い間にこれを担当する役人が交代し、「官有地」に編入した経緯が忘れさられて、「一般官有地ト誤認」されて一般人に「払下ゲ処分ヲ行」なってしまい、アイヌは居住地を追放されることになったというのである。この土地問題と貧困問題を解決するために「北海道旧土人保護法」が制定された、と北海道庁に所蔵されている内務省社会局の資料は記している。

この「保護法」改正時の資料に従えば、アイヌが本来保持していた土地を保護するために「官有地」としていたのである。それにもかかわらず、役人がそれらの土地を一般の「官有地」と同様に処理してしまったことになる。

この点については、説明が必要であろう。まず、この「官有地」に編入されたアイヌの土地についてである。この土地の一八七九年のデータが『開拓使事業報告』に掲載されている。このデータによれば、一八七九年の時点で二二万四七六〇坪が官有地に編入されていた。

さらに、これ以外にアイヌ「保護地」（「給与地」）という土地が存在する。これもアイヌの土地として認定されたものであるが、土地の分類では「官有地」とし

●—アイヌの官有地(1879年)

国名	群区名	面積(坪)
石狩	札幌	149,957
	石狩	5,426
	浜益	3,482
	計	158,865
後志	余市	9,055
胆振	幌別	9,151
	白老	31,995
	計	41,146
十勝	広尾	737
	十勝	145
	計	882

国名	群区名	面積(坪)
天塩	増毛	254
	留萌	4,931
	苫前	2,501
	天塩	1,088
	計	8,774
北見	枝幸	2,100
	宗谷	3,049
	利尻	732
	礼文	157
	計	6,038
合計		224,760

出典:「旧土人開墾地」(勧農地・第三種)「開拓使事業報告」第一編(高倉新一郎『アイヌ政策史』所収)。

て取り扱われている。

このアイヌ「保護地」に関しては、北海道全体でどの程度の規模になるかは、わかっていない。たとえば、一八九八年の調査によって作成された『北海道殖民状況報文』によれば、かなりの地域にアイヌの「保護地」が設定されていた▲。十勝国中川《なかがわ》郡のタンネオタには一八九八年の時点で二九戸のアイヌが居住していたが、この場所には一八九六年に設定されたアイヌ「保護地」が、四〇万三六八〇坪あった。また、十勝国の當縁《とうぶい》郡の歴舟《べるふね》川の左岸には、二カ所で一二万五六八〇坪の「保護地」が設定されている。

「北海道旧土人保護法」の成立過程と「保護法」改正時における北海道庁の「保護法」制定の理由を参照するかぎり、所有権を制限したうえで土地を給与することにより、アイヌの土地問題を解決し再燃を防ぐ意図があった、と推定される。アイヌの土地が、和人に奪われたり役人の誤認で国有地と同様に処分されたことが、「保護法」制定の契機だったのである。

▼アイヌ「保護地」の設定　この「保護地」がすべて「官有地第三種」に編入されていたかは判然としない。高倉新一郎氏は、明治二十年代に設定された「保護地」のうち「官有地第三種」の適用を受けた事例を紹介している（「北海道旧土人保護法の制定」『アイヌ政策史』所収）。

④―共有財産問題とアイヌ

共有財産の概要

第五回と第八回の帝国議会では、十勝の「共有金」が問題となっていた。また第一三回帝国議会の「北海道旧土人保護法」の審議でも、政府委員の白仁武は十勝アイヌの共有金に関して頗《すこぶ》る問題があったことを認めていた。これらの経過を踏まえて、いわゆる「共有財産」問題について見ていくことにしよう。

三つの事例をあげて、「共有財産」の成立について考察することにしたい。第一は、アイヌの「全道旧土人教育資金」である。第二は、「十勝国旧土人共有財産」である。第三は、厚岸《あっけし》郡の「共有財産」である。

第一の「全道旧土人教育資金」は、一八八三(明治十六)年三月に明治天皇から下賜された一〇〇〇円と一八八四年に文部省から下付された資金を基にした「共有財産」である。文部省から下付された資金は、札幌県令の調所広丈が、一八八二年十月、アイヌの教育資金を文部卿に求めたことがきっかけであった。調所は、毎年四〇〇〇円を継続的に下付することを求めた。これに対し文部卿

現在額		一カ年の収益金	使用の目的
利殖金の積立額	計		
11,247円168	17,453円168	558円49	教育資金
980円000	1,246円000	39円87	(同上)
87円325	207円325	6円63	救護・住宅改善・教育資金
1,090円700	1,610円700	51円54	(以下、同じ)
648円740	948円740	30円35	
871円856	1,371円856	43円89	
99円406	199円406	6円38	
737円540	861円540	27円56	
20円853	90円853	2円90	
85円130	185円130	5円92	
223円523	324円523	10円38	
2,564円750	3,864円750	123円66	
3,589円210	5,989円210	191円65	
3,412円980	5,112円980	163円61	
2,756円700	4,356円700	139円41	
562円880	842円880	26円97	
529円110	878円110	28円10	
1,305円254	6,305円254	201円76	
158円745	293円745	9円39	
30,971円870	52,142円870	1,668円46	

時価	一カ年管理費	一カ年の収益金	差別純収益
16,000円00	117円61	1,641円00	1,523円39
3,000円00	35円00	194円40	159円40
1,000円00	10円00	30円00	16円00
100円00	4円00	30円00	
1,000円00	10円00	50円00	36円00
100円00	4円00	50円00	
200,000円00	4,000円00	5,288円00	4,731円00
35,000円00		555円00	
65,000円00		2,888円00	
321,200円00	4,180円61	10,646円40	6,465円79

出典:『北海道旧土人概況』(北海道庁学務部社会課)一九三六年一月。

●――共有財産の概要

〔現金の部〕

共有関係別	共有者		財産種別	
	戸数(戸)	人口(人)		指定当時の金額
①全道旧土人教育資金	3,710	16,720	現金および有価証券	6,206円00
②天塩・中川・上川各郡旧土人教育資金	39	203	(同上)	266円00
③室蘭市旧土人共有	86	356	現金	120円00
④帯広市旧土人共有	46	226	(以下、同じ)	520円00
⑤厚真村旧土人共有	26	112		300円00
⑥鵡川村旧土人共有	132	591		500円00
⑦苫小牧町旧土人共有	3	8		100円00
⑧穂別村旧土人共有	145	668		124円00
⑨虻田村旧土人共有	31	149		70円00
⑩豊浦村旧土人共有	62	331		100円00
⑪伊達町旧土人共有	85	431		101円00
⑫芽室村旧土人共有	51	176		1,300円00
⑬幕別村旧土人共有	51	216		2,400円00
⑭池田町旧土人共有	43	135		1,700円00
⑮本別村旧土人共有	35	116		1,600円00
⑯上士幌村旧土人共有	11	41		280円00
⑰沙流郡各村旧土人共有	429	1,990		349円00
⑱色丹村旧土人共有	15	44		5,000円00
⑲白老村旧土人共有	193	1,008		135円00
計				21,171円00

〔不動産の部〕

共有関係別	共有者		財産種別	数量
	戸数(戸)	人口(人)		
(1)厚岸町旧土人共有	23	76	海産干場	2町2反9歩
(2)帯広市旧土人共有	46	226	宅地	124坪
			雑種地	4町2反6畝22歩
			宅地	3,808坪
(3)音更村旧土人共有	28	89	雑種地	3町9反7畝7歩
			宅地	4,703坪
(4)旭川市旧土人共有	75	345	畑	66町1反7畝28歩
			水田	7町9反3畝19歩
			宅地	12,417坪
			湿地	2町2畝9歩
計				

は、一八八四年六月、「教育上必需ノ費途」として二〇〇〇円を認めただけであった。これらの資金が「全道旧土人教育資金」の元金である。このアイヌ教育のために下付された資金は、長く利用されず貯蓄されたままになった。その理由は、実際にこの教育資金を各地に散在するアイヌの教育に利用する方法が確定できなかったためである。

第二の十勝国の「共有財産」は、場所請負商人の杉浦嘉七が、一八七五年に漁場を廃止するときに、漁場や漁具をアイヌに譲渡したことが契機である。アイヌは「組合」を組織して漁業を行ない、一八七九年には、杉浦から譲渡された漁具等の代価を精算するまでになった。その後、資産は総額五万円を越える額になっている。「組合」は、一八八四年から札幌県庁の官吏に資産等の管理を委託している。

第三の厚岸郡の「共有金」は、次のような経緯である。一八八二年四月十二日、厚岸郡のアイヌ三二人が「厚岸郡旧土人永代蓄積金約束書」を作って、アイヌの「共有金」に関する約束を取り決めた。彼らは、子孫のために資本貯蓄の方法を設定したいと考え、開拓使から与えられた撫育《ぶいく》のための海産干場を利用することを思いついた。彼らは、この干場の貸借により「永代利倍ノ法」(『旧土人根室県』)を確立すれば、政府の方針にも沿い、アイヌの子孫のためにもなる。さらに土地の有効活用にもなる、と考えた。五〇年間毎年一八五円を貯蓄し、さらに一年で一割二分の利息を得ることができれば、四四万四〇〇〇円程度を積み立てることができる、と算定している。この海産干場の取り扱いに関しては、すでに地方「郡庁」の許可を得ており、各アイヌが勝手に干場を処分しないように取り決めている。「約束書」には、三二名のアイヌが署名している。アイヌたちは「産業蓄積金法方書」として全一七条にわたる詳細な取り決めを行なって、干場の貸借を実施した。

「共有金」の実態

このような「共有金」は、一九三六(昭和十一)年に北海道庁学務部社会課が出版した『北海道旧土人概況』▲によれば、五四〜五五ページの表のような状況であった。大きく〔現金の部〕と〔不動産の部〕に分けられる。

〔現金の部〕は、一九に分類され合計で五万二一四二円ほどになっている。①「全道旧土人教育資金」と②「天塩、中川、上川各郡旧土人教育資金」は、現金と

▼『北海道旧土人概況』　北海道庁学務部がアイヌの人口・生活状況・保護救済の施設など、概況を調査してまとめたもの。本書では、一九二六年版と一九三六年版を利用した。

有価証券の形態であるが、それ以外の「共有金」は、現金で保管されている。これは、教育資金である①と②を除けば、「救護」「住宅改善」「教育」に使用されることになっている。③から⑲までの各地域の「共有金」を見ると、⑱の「色丹村旧土人共有金」が最も高額である。財産の権利を持つ共有者数では、⑰の「沙流郡各村旧土人共有金」が最も多く、一九九〇人(四二九戸)である。反対に⑦「苫小牧町旧土人共有金」の共有者数は、八人(三戸)と小規模である。

〈不動産の部〉は、四つに分類され時価で三二万一二〇〇円である。「財産種別」で見ると、「海産干場」「宅地」「雑種地」「畑」「水田」「湿地」に分かれる。「純収益」で見ると、(4)「旭川市旧土人共有財産」が四七三一円と高額であり、共有者の人数も三四五人(七五戸)と最も多い。(1)の「厚岸町旧土人共有財産」は、「財産種別」が「海産干場」という点が特徴であろう。

〈現金の部〉の各地域の「共有金」(③〜⑲)と〈不動産の部〉(1)〜(4)を比較すると、両方を所有しているのは、帯広《おびひろ》市のアイヌだけであったことがわかる。共有者の戸数と人数も一致している。これを除けば、各地のアイヌは、現金か不動産のどちらかしか保有していなかったことがわかる。このように、「共有財産」は、形態、規模、共有者等の面では多種多様である。

十勝アイヌの共有財産問題

帝国議会で一貫して問題になっていたのは、十勝地域の「共有財産」問題である。この問題を『十勝外四郡土人関係書類』という資料に依拠して検討することにしよう（以下、この節の引用はこの文書による）。

釧路外一二郡長椎原国太は、一八九二（明治二十五）年六月二十四日、北海道庁長官渡辺千秋に対し、白仁武参事官の到着をまって問題を処理するように指示されているが、状況は切迫しており、このままでは「不穏ノ挙動ニモ可立至」と懸念《けねん》を表明した。郡長の椎原が、「不穏ノ挙動」と記したのは、アイヌの行動であった。

一八九二年の十勝地域のアイヌの惨状に対して「十勝国十勝外四郡各村旧土人物代人」大津蔵之助は、同年六月九日、椎原に対して「願書」を提出していた。その「願書」には、三つのことが述べられていた。第一は、同年の春にアイヌが飢饉の状態にあるのは、昨年農業を行なわなかったためである。そこで「共有

▼『十勝外四郡土人関係書類』 十勝アイヌの漁場の紛争に関係する資料を集めたもの（北海道大学所蔵）。

金」から種子を購入して農業を実施する必要がある。第二は、当面、同年の冬を凌《しの》ぐために鮭漁を行ないたい。そこで、六月二十日前に漁場をアイヌに返還してほしい。第三は、「旧土人取締人」の江政敏とアイヌとの貸借等を清算してほしい。

大津と三人のアイヌが郡長椎原に説明した十勝アイヌの状況は、極めて過酷であった。三〇〇人ものアイヌが飢饉の状況にあり、壮年のアイヌが他の漁場で労働しても本人が生活するのがやっとであり、家族を養うことができないほどであった。このような事態は、この地域の「旧土人取締人」江政敏が自分の利益のみを考え、アイヌに対する授産を行なわなかったところに問題がある、と彼らは訴えたのである。この「旧土人取締人」の江は、自らもこの地域の漁場の入札に参加して落札していた。さらに、他人の名義を借りて多くの漁場を落札するなど、単なる「旧土人取締人」ではなく、漁場経営者として大津川の漁区を取り仕切っていた。

惣代人の大津の訴えは、正当なものだったのだろうか。この点を行政側の資料でも確認しておこう。十勝外四郡各村戸長の石井佐五郎は、一八九二年一月十八日、釧路外一二郡長椎原にある報告を行なっている。この報告は、「旧土人取締人」の江が職務である「旧土人取締」を自ら行なわず、他人任せにしている、と指摘する。さらにアイヌへの授産など「一切放擲《ほうてき》ノ姿」であり、これまで数年間推進してきた農業も後退し、二、三年の間に「土人復《ま》タ従前ノ如ク流離滅裂ノ惨状ニ立戻」る、というのである。このように、江政敏の「旧土人取締人」としての活動に問題があったことは、行政側も理解していたのである。

さらに、行政側のこの問題に対する関与について、大津は、一八九二年六月二十二日、北海道庁の遠藤内務部長に対して次のように抗議し、問題の解決を求めた。宮本千萬樹旧釧路郡長が十勝アイヌの「共有金」と江政敏の問題に関与している、というのである。

大津によれば、江政敏は「共有金」から一八〇〇円を借りていたが、多年にわたって返却しなかった。この問題に対して宮本旧郡長が「貸金ヲ土人ヨリ〔江〕政敏ニ恵投セヨト圧言ヲ以テ帳消致シタル」と訴える。さらに、このような問題が発生したのは、釧路郡役所にアイヌの保護政策の主導権が移行してからである、とも述べている。最終的に、一八八〇年から釧路郡役所が管理するまでの「共有金」四万六七九八円余と、毎年一五〇〇円にのぼる「共有漁場貸賃」の精算と払い戻しを大津は求めている。

大津は、すでにこの問題を椎原郡長に対して一八九二年の一月以来訴えてきたが、明確な回答もなく遠藤内務部長に訴えなければならなかった経緯を開陳《かいちん》している。大津は、財産をもっているアイヌが圧迫を受けて自営できず、あたかも「重罪人ノ治産ヲ禁セラレタルモノ〔ノ欠カ〕如ク」であり、あまりにも不当な処遇であり、もしこの鮭漁の時期を逃せば、三一二戸のアイヌが「雪中ノ餓死」となるのは明白である、と訴えている。

これらの問題は、次のように解決された。釧路郡長は、一八九二年七月十八日、北海道庁長官の渡辺千秋に対して、江政敏の解任許可と、以後のアイヌの授産方法については白仁武（参事官）の帰庁をまって決定すると通知している。当時道庁の参事官だった白仁武が、問題の処理に加わっていたのである。白仁は、江政敏に貸し与えられていた五カ所の漁場のうち、二つを返却させ、大津蔵之助らの苦情を処理した。その後、釧路郡長は、この問題の根本的な解決を行なっている。十勝地域の帯広村と大津村のアイヌと協議し、「共有金」問題に決着をつけたのである。

白仁が、第一三回帝国議会において開陳した十勝アイヌの「共有金」に関する不明朗な問題とは、おそらくこれらの経緯を指しているのであろう。釧路郡役所や旧郡長宮本が、法的に問題のある処理や強い影響力を行使したのか、という点はさらに解明の余地があろう。しかし、以下の点は確認しておきたい。一つには、第一三回帝国議会で白仁武が十勝の「共有金」に関して問題のある管理がされていた、と答弁していたこと。一つには、江政敏が「旧土人取締人」を解任されたこと。また一つには、江政敏の漁場が一部返却されたこと。以上の三点である。

「北海道旧土人保護法」の成立過程から問題点を抽出《ちゅうしゅつ》して検討を加えた。それでは次に、「保護法」成立以後の問題を検討することにしよう。

⑤──「北海道旧土人保護法」制定後のアイヌ社会

旭川市旧土人保護地処分法

一九三四（昭和九）年三月に出された「旭川市旧土人保護地処分法」は、旭川におけるアイヌと和人の長年にわたる土地問題を解決するために出された法令である。

「処分法」は、三条から構成されている。第一条には、北海道庁長官が、アイヌの保護のために旭川に貸し付けた土地を内務大臣と大蔵大臣の許可を得て、「特別ノ縁故アル旧土人」（『公文類聚』）に対して「単独有財産」または「共有財産」として無償で下付する、とある。第二条には、この下付された土地が「北海道旧土人保護法」第二条第一項の規定（相続以外では譲渡できない）を受ける。第三条は、下付地に対して登録税と地方税を課さない、という条項である。

この「旭川市旧土人保護地処分法」が、旭川におけるアイヌの土地問題に関する法律である、という点は明確である。この法律は具体的にどのような問題を解決し、是正しようとしていたのだろうか。旭川アイヌの土地問題の歴史的経過をたどりながら、この問題を見ていくことにしよう。

「処分法」制定の背景

北海道庁長官渡辺千秋は、一八九一（明治二十四）年九月、上川《かみかわ》地方を巡視した。その際、渡辺は、和人の移住によってアイヌの居住場所がなくなることを懸念《けねん》し、アイヌに対して土地の取得を出願させることにした。これを受けて、上川の測候所所長の福沢慶一がアイヌに代わって土地取得に関する出願を行なった。すぐさま近文《ちかぶみ》原野の区画整理が実施され、上川アイヌの給与予定地として一五〇万坪が設定された。この給与予定地は、一八九四年五月、三七名（三六戸）のアイヌに割り渡され、占有耕作されるようになった。

ここで問題が生じた。アイヌの土地に対する管理能力が乏しいという理由で、これらの土地に対する所有権の付与が保留され、「北海道地券発行条例」第一六条の「第三種ノ官有地」として扱われることになったのである。これが、アイヌが耕作しながら土地の所有権が無いという状況を生み出した原因である。

その後、一八九九年に第七師団の建築請負業者がアイヌのこの開墾地を奪取しようと奔走し、天塩《てしお》に代替地を用意することと金銭をアイヌに与える約束を結んだ。

道庁は、一九〇〇年五月をアイヌの立ち退き期限とした。これは社会問題化し、アイヌも「留住同盟」を組織して反対運動に乗り出した。一九〇〇年三月、四名のアイヌが前総理大臣の大隈重信と西郷従道内務大臣に談判を行なった。結局、内務省において北海道庁長官園田実徳《そのださねのり》は、先の指示を取り消した。その席に同席していた白仁北海道課長はアイヌが長官に対して証書を求めたのに対して、自分が立ち会っているので証書は必要ないであろう、と発言している。この問題にも白仁武が関与していたのである。

さらに、一九〇一年、東京の業者が北海道庁に対してこの旭川の一四〇余町歩の土地の貸し下げを求めた。再びアイヌは反対運動を行ない、北海道庁はまたも貸し下げを中止した。

しかし、土地を開墾しなければ、さらに貸し下げを求めるものが出ると、一九〇六年六月、「官有地特別処分規定」にもとづいて三〇年間「有料貸付」という形で、この土地は旭川市に貸し付けられた。旭川市は、一四〇町歩のうち、四〇町歩余は五〇戸のアイヌに対して転貸しし、一〇〇町歩を和人へ転貸ししたのである。和人への転貸しによる収入はアイヌの保護政策に充当された。

このような複雑な関係を清算して通常の下付地の形態に戻すために、「旭川市旧土人保護地処分法」が考案されたのである。

「処分法」の審議過程とその後

「旭川市旧土人保護地処分法」の衆議院委員会(一九三四年二月二十一日)における委員坂東幸太郎《ばんどうこうたろう》の発言によれば、この土地の処分に関しておよそ四つの意見があった。

第一は、この一四〇町歩の土地総てをアイヌに付与する。第二は、この土地が近文駅や第七師団の近傍にあることなどから、旭川の都市計画を考慮して旭川市が北海道庁から特別売買を受ける。アイヌの保護に関しては別途考案する。第三は、アイヌ以外で旭川市から土地の転貸しを受けている和人は耕作料を支払っているので、処分に際しては特典を与える。第四は、総ての土地をアイヌの「共有地」として、これを基礎にアイヌが組合を結成する。このように、「旭川市旧土人保護地」をめぐって、いろいろな意見が出されていた。

アイヌへ下付する土地の面積についても議論が分かれた。政府委員の坂東幸太郎は、北海道庁側がこの旭川のアイヌ一戸に対して一町歩の耕作地を与えることで十分である、と発言したことに強く反対した。実は、政府委員の坂東は、旭川市会議員の経歴を持つ人物であり、この問題を最もよく知る人物の一人であった。坂東は、この旭川のアイヌが極めて厳しい状況下に置かれていることを具体的に指摘したうえで、アイヌは農業の中でも馬鈴薯栽培などに適しているので、一町歩ではなく、一町五反ないしは一町八反を付与すべきだ、と指摘した。それに対して政府委員の佐上信一(北海道庁長官)は、和人に転貸する「共有地」が減ると、「和人ノ関係ガ非常ニ困ル」と述べてアイヌへの土地の下付の拡大を拒んだ。

結局、一九三四年四月三十日付けの「旭川市旧土人保護地処分法公布ニ関スル件通牒」によれば、アイヌの世帯一戸につき約一町歩を下付することになった。したがって五〇戸で五〇町歩となり、残りの部分は和人に貸し与えられることになった。そのため次のような法整備が行なわれている。

「北海道旧土人共有金財産管理規程」(一九三四年十一月十四日)により、「北海道旧土人共有財産」のうち不動産に関しては賃貸による利殖を図る、という方針が明確にされた。さらに「北海道旧土人共有財産土地貸付規程」（一九三四年十一月一日）により、土地の貸し付け期間は、①宅地は二〇年以内、②田畑は五年以内、③上記以外は三年以内と定められた。そして、これらの懸案を処理するために「旭川市旧土人共有財産管理委員会」▲が設置され、管理と運営を行なうことになった。一九三五年には、委員会によってその収益の一部が旧土人保護救済費（約五〇〇〇円）として支出されるようになった。

▼旭川市旧土人共有財産管理委員会　メンバーは以下の人々である。
北海道庁長官：佐上信一
北海道庁学務部長：長橋茂雄
北海道庁社会課長：水野鐘一
北海道帝国大学教授：高倉新一郎
北海道帝国大学教授：河野広道
旭川市長：渡辺勘一
市会議員：東海林吉三郎
近文：荒井源次郎
近文：川村カネト
近文：筑別ニタンザシ

旭川市旧土人給与地をめぐる小作調停

しかし、問題はこれでは終わらなかった。「共有財産」としてアイヌに与えられた土地は、北海道庁が管理して和人へ賃貸することになった。土地を管理していた道庁は、一九三七（昭和十二）年、この土地を借りている和人側から訴訟を起こされることになったのである。その経過は次のようなものであった。

一九三四年十一月一日から、道庁がこの「共有財産」にあたる土地を管理した。北海道庁は、職員を旭川に派遣して従来の条件を提示して契約の継続を促した。しかし、九九人は承諾したものの二二人はこれに応じなかったのである。この時は、旭川市選出の代議士の説得でなんとか契約が更新された。その後、一九三六年三月三十一日をもって一部の土地の契約が切れるため、道庁は嘱託を旭川に派遣して道庁の提示した条件で契約するように求めた。しかし、この借地人たちは契約期間が短すぎるとして契約に応じなかったのである。

一九三六年十一月三十日には「共有財産」の土地全体の貸し付け契約が切れた。北海道庁は管理委員会に諮問《しもん》したうえで、貸付地全体の賃率改定と期間五年で新たに貸付することを定めている。

北海道庁社会課の喜多章明は、一九三七年二月、旭川に出張して一般借地人全員に対して賃率改定の事情を説明した。ここでも借地人九九人は応じたが、二二人は賃率の改定には応じたものの、期間を一〇年から一五年とするように求めたのである。借地人たちは東京で代議士等に働きかけを行なう一方で、旭川地方裁判所に小作調停を申し入れたのである。区画整理によって道路が完成し、宅地区域となったため賃料が値上げされるのは不当である、というのが借地人の主張であった。道庁側は、値上げをしても借地の価格は、一般的な借地価格からみて低いと考え、この調停に対して一歩も譲らない方針で臨むことを決定した。道庁は社会課員である喜多章明を調停委員会の代理人として送り出している。

道庁側は、この「共有財産」の土地の貸借で得た収入をアイヌ保護費にまわしており、小作問題とアイヌ保護という二者の間にはさまれることになったのである。

このような問題が起こった要因の一つは、改定時に坂東委員から提出された希望条項が影響していた、と推定される。その希望条項の第二項は、政府がアイヌ以外の転借人の権利、すなわち賃貸を受けてきた和人の権利を考慮するというものであった。この点は、一九三四年の「旭川市旧土人保護地処分法公布ニ関スル通牒」でも「共有財産」をアイヌに与える際に、「現ニ和人ノ享有スル権利、利益ハ之ヲ尊重シ」と、借地人である和人の利益が損なわれないように配慮することが明記されている。これが地主のアイヌと借地人の和人という対立をより激化させた要因の一つであったと推定される。

この問題の責任の所在について北海道庁は次のように述べる。

道庁は「小作料減額調停事件に関する件」と題する一九四六年十二月付の文書

で、問題が発生した要因は、「曽《かつ》テ旭川市ニ貸付中偶々《たまたま》市ハ本地ノ管理方法ヲ誤リ其ノ大半ヲ和人ニ転貸シタル為幾多複雑ナル事情ヲ生ジ」た、と旭川市の管理が不適当であったことを示唆している。

アイヌの土地所有権剝奪の萌芽

次に「保護法」制定以後のアイヌ政策を、「保護法」改定の経過を追うなかで検討していこう。

政府は、一九一九（大正八）年二月、「北海道旧土人保護法中改正法律案」を提出して、「保護法」の一部改正を提案した。この改正は、アイヌの疾病に対応したものであった。この法案の審議から保護法全体の改定問題を垣間《かいま》見ることができる。

改定されたのは、「保護法」の第五条と第六条である。第五条は、疾病や傷痍のアイヌが自費で治療できないときに、治療を施して薬代を給与する、と改定された。さらに、第六条では、「疾病」が救済の対象であったのを、「傷疾、疾病」と改められた。床次《とこなみ》竹次郎（内務大臣）は衆議院の第一読会で、アイヌの死亡率の悪化、特に肺結核などの疾病による死亡を食い止めるために簡易な病院を建設して保護の徹底を期するのが改定の目的である、と述べている。法案については、衆議院でも貴族院でも特に問題もなく通過した。

この審議の過程で注目したいのは、衆議院の「北海道旧土人保護法改正法律案委員会」(一九一九年二月五日)に政府委員として出席した北海道庁長官 俵孫一《たわらまごいち》の発言である。俵は、北海道庁長官として赴任以後、アイヌに関する保護の方法を改善するために調査を実施している、と述べている。▲俵は、この調査に関連して、アイヌの下付地に対する制限について疑問を呈している。下付された土地の所有権はアイヌにあるものの、抵当や売買同様の状況下に置かれている土地があり、土地の実益は他人に渡っている、と指摘する。

ここで俵は、下付地の制限を撤廃する方向で問題を解決しようとしていたのではない。俵は、アイヌに対して土地の所有権を与えず、共有地の扱いにしてアイヌの耕作能力に応じて土地を貸し与え耕作させるという考えを示している。

このように一九一九年の改正時点において、アイヌの下付地が本来禁止されている抵当や売買が実質的に行なわれていることを道庁側は理解し、保護法改

▼保護方法に関する俵の発言要旨
俵は次のように指摘した。第一に、保護の方法の見直しとして二年前から簡易教育を実施することになった。これは、就学期間を六年から四年に短縮し、さらに学科の内容も簡単にする、という改定である。第二の点が、この衛生問題の解決であると。

正のための調査を実施していたのである。さらに、調査中という保留がつきながらも俵が、アイヌの土地の所有権を剥奪《はくだつ》する、という方法を考案していた点を確認しておきたい。

「保護法」改正の意図

政府は、一九三七(昭和十二)年二月、「保護法」の改正を政府提案として議会に提出した。この改正の要点は、以下の四点であった。

第一は、「北海道旧土人保護法」による下付地に対する制限の緩和である。「保護法」第二条により、下付地は、相続以外には譲渡することができないことになっていた。これを、「譲渡又ハ物権ノ設定行為ハ北海道庁長官ノ許可ヲ得ルニ非ザレバ其ノ効力ヲ生ゼズ」と北海道庁長官の認可により認めるのである。

第二は、アイヌに対する経済的な補助を、これまでの農業関係の農具や種子からそれ以外の分野にも拡大する、という点である。たとえば、漁具や荷馬車などが想定されている。第三は、住宅改善である。第四は、アイヌの特設学校▲の廃止である。

▼**特設学校**　旧土人保護法によって設置されたアイヌのための小学校。通常の小学校よりも就業年限等が縮小されていた。

このような「保護法」の改正を政府が実施しようとした意図を明らかにするために、法案の審議過程を見ていくことにしよう。

貴族院の特別委員会の席上、政府委員の篠原英太郎は、「保護法」改正の必要性として、「保護法」制定時よりアイヌの生活状況が著しく向上したことと、拓殖事業の進展によって情勢が変化したことをあげている。下付地に対する制限は、教育の普及による社会的同化が進んだ状況下でアイヌの経済活動を阻害する要因になっている、と指摘する。このような改正の趣旨説明は、この問題を主管していた内務省の意向を反映していたと推定される。

そこで、改正の意図を解明するために、内務省社会局▲が改正に向けて作成した「質問予想事項」を見てみよう。「質問予想事項」は、内務省が議会の答弁のために作成した書類である。この「質問予想事項」によって、政府が改正のポイントをどこに置いていたのかを理解することができるであろう。

特に改正がアイヌに与える影響と、「保護法」の下付地に対する制限(第二条)がアイヌに与える不利益についてとりあげたい。

前者は、「本法ノ改正カ旧土人ニ及ボス影響如何」という想定問答である。こ

▼**内務省社会局**　一九二〇年に内務省内に設置された部署。救済事業や労働行政を主管し社会行政一般を統括した。

れに対する回答として三つの点があげられている。第一は、土地所有の制限緩和によって、経済生活が円滑に行なわれる。これまでアイヌが財産権を制限されていたために、「社会ヨリ無能力者視」されていた状況を脱することができる。第二に、勧農本位の保護政策から一般生業への助成を行なうように転換することで、農業に釘付けされていたアイヌが「自由ノ天地ニ活動」できる。第三に、住宅改善によりさらに同化が進行し、衛生面も向上する。このように改正の利点を「質問予想事項」の解答は強調する。

もう一つの「事項」は「現行法ノ制限アルタメ旧土人ガ被ル不利益ナル事項如何」という想定問答である。これに対する解答は、次のように記されている。下付地の転売が不可能なために他の適当な場所で土地を購入したり、転業資金も得られない。これらの制限が、経済活動にアイヌが習熟できない理由である。これらの問題も改正によって是正される。

しかし、留意したいのは、この「質問予想事項」が次のように指摘していることである。現行法で下付地に対する制限があっても、表面賃貸契約の名義で実質的には所有権の売買が実施されている。これは一種の脱法行為であり、内密に行なわれている。このような状況はアイヌにとって不利である。改正により下付地の売買を道庁長官の監視下に置き、不正を未然に防ぐ必要がある。

ここで確認しておきたいのは、アイヌの下付地が実質的には売買されている、という点である。さらに、このことを内務省社会局は理解し、質疑になることを想定していた、という点である。

この改正の意図の中に、アイヌの経済活動の拡大という側面と、下付地の不法な売買への対応という側面があったのである。改正時における政府のアイヌ政策の基本方針を確認したうえで、さらにこの問題を検討することにしたい。

「保護法」改正と同化問題——土地売買制限の撤廃

この「保護法」改正の審議過程で大きな問題の一つとなったのは、アイヌに対する保護政策の基本方針であった。

衆議院で東条貞は、アイヌ政策の根本方針を質問している。東条は、アイヌに対する政策が、同化を促進することを意図しているのか、それともアイヌを民族として保護することを目的にしているのか、と質問した。この質問は、この時期の政府がアイヌ政策を基本的にどのように考えていたのかを理解するうえで参考になる。東条は、後者の考えであった。アイヌを種族として保護する方針を求め、同化を促進しないように生活の向上を行なっていくというのである。答弁に立った内務大臣の河原田稼吉《かわらだかきち》は、「一視同仁」の考えから、アイヌに対する漸進的な同化を進めることが政府の方針である、と明確に答弁している。

政府答弁を援用すれば、アイヌの同化はある程度進行し経済能力も向上したのだから、土地に対する制限を撤廃し、特設アイヌ学校も現段階では必要ない。また和人と同様の生活をすることで、さらに同化を進めることができる、という論理展開になっている。

しかし、一方で、この「保護法」の改正に住宅改善が盛り込まれていることは、アイヌの生活状況が必ずしも和人と同等ではなく、いまだ困難な状況にあることを政府側が理解していた証左となるであろう。

表面的には、同化の進展したアイヌの経済活動の拡大とそれによるさらなる同化の促進、というのが「保護法」改正のポイントのように見える。しかし、内実は、不法なアイヌの下付地の売買や長期にわたる賃貸を是正する、という点にあったのではないだろうか。

ここで想起したいのは、内務省社会局が「想定問答事項」の中で下付地の売買の存在を知っていて、売買を道庁長官の監視のもとに行なう、と考えていた点である。この点に関して行政側が実施していた調査は、行政側がこの問題を詳細に把握していたことを示している。この道庁所蔵の書類を紹介しておきたい。

この調査資料は、「保護法」を改正するために作成された『北海道旧土人保護法改正ニ関スル書類』と題する書類に収められている。この書類の調査事項の一つは「法第一条ニ依リ下付シタル土地ノ賃貸価格調▲」である。この調査によれば、アイヌの下付地のうち、合計二四四四町が賃貸契約されていたのである。一〇年以上もの長期に及ぶ賃貸契約が設定されているものもある。さらに問題なのは、この中で賃貸契約の名義で暗黙に売買契約が結ばれている下付地が存在したことである。「保護法」の第二条に抵触する不法な売買契約は、この時点で八〇町歩にもなっていた。

「保護法」の大きな柱であった下付地に対する制限は、実質的には崩壊していたのであり、北海道庁や内務省もこの事態を十分理解していたと思われる。し

▼「法第一条ニ依リ下付シタル土地ノ賃貸価格調」

貸付期間	面積
1年	766町
3年	596町
5年	696町
10年	226町
15年	76町
20年	82町
計	2,444町

注：法第一条ニ依リ下付シタル土地ノ内、賃貸セルモノハ左表ノ通リニシテ、其ノ内賃貸契約ノ名義ノ下ニ暗黙ニ売買契約ヲ締結セリト認メラルモノハ八十町歩ナリ而シテ此ノ価格(売買ノモノ)ハ一般ニ比シ約半額位ノモノト認ム。

出典：『昭和十二年北海道旧土人保護法改正ニ関スル書類』Ba-20(資料記載の合計は二四四四町であるが、計算上は二四四二町である)。

たがって、「保護法」改正の第一条(制限の撤廃)は、現状を追認することを意味している。

「保護法」の改正と下付地の売買

この改正によって、実際にアイヌの土地がどのように売買されるようになったのかを具体的に見ておきたい。まず、石狩地域のアイヌの事例である。石狩支庁長が、一九三七(昭和十二)年十二月八日、北海道庁長官石黒英彦に提出した「旧土人給与地所有権ノ譲渡ニ関スル件」と題する資料から、売買の経過を追っていくことにしよう。

所有権の移転を表明したアイヌには、息子がいた。息子は北海道外で働いており、札幌郡の下付地で農業に従事することは不可能だった。申請したアイヌは、下付地の一部を売買して魚商を営むことを考えていた。また、売買金の一部は、借金の弁済に充てる予定だった。譲渡の対象地は、畑で二町三反ほどで、売却代金は一一七〇円である。所有権の移転にあたっては、「(一)土地ノ譲渡ヲ必要トスル具体的事情」「(二)譲渡セントスル土地ノ評価書」「(三)譲渡セントスル家族調」「(四)譲渡セントスル旧土人ノ資力調」「(五)譲渡セントスル旧土人ノ負債調」など、詳細な調査が行なわれている。

アイヌが提出した「事情陳述書」によれば、申請者のアイヌは高齢になり、息子も樺太で働いているため、これまで農業と魚商で生計を立てていたが、農業を止め魚商で生計を立てることにした、と記されている。申請は認可され、一九三八年五月には土地の移転登記が完了した、と報告されている。この事例は、申請者のアイヌが高齢になったことと息子が北海道外で働いていることが、譲渡の契機だったように見える。しかし、さきの調査の「(一)土地ノ譲渡ヲ必要トスル具体的事情」によれば、このアイヌをとりまく厳しい環境を垣間見ることができる。

このアイヌは、一九〇一(明治三四)年から下付地を耕作していた。しかし、近隣にある石狩川の連年にわたる水害によって農業だけでは生活できなくなり、鮭漁の時期には厚田《あつた》や浜益《はまます》などでの出稼《でかせ》ぎや石狩川での鮭鱒漁、さらには道路の測量人夫などに従事して生計を立てていた。このような状況の中で、鮭漁の不漁や高齢になったこと、石狩川の修水工事によって鮭や鱒が溯上《そじょう》しなくなったことなどから、生活はさらに苦しいものになった。そこで下付地の一部を他人に貸して小作料を得るようになった。結局、家の建築のために借り入れた高利の借金の返済が迫り、下付地を売買してこれに充てるとともに、魚商を主にして生計を立てることを決めたのだった。

次に、胆振《いぶり》支庁長が、一九三八年七月十三日、北海道学務部長に提出した「旧土人給与地譲渡ニ関スル件」と題する書類から胆振地域の例を見てみよう。

胆振地域のアイヌが、一九三七年九月二十八日、北海道庁長官に対して「給与地譲渡許可願」を提出した。アイヌが提出した「事情書」によれば、このアイヌは祖父の時代から漁業を生業としていたが、漁業不振のため一九一〇年に「保護法」の規定により二町四反ほどの土地を取得した。一九二四(大正十三)年には開墾に成功している。

しかし、この土地は石塊《いしくれ》が多く傾斜がきついためさらに改良することは不可能であり、耕地面積も九人の家族が生活するには不十分であった。農業と沿岸漁業を兼業することで生活を維持していたが、沿岸漁業が予想した漁獲高を得られず、沖合漁業への転換を企図することになった。その資金を得るために下付地の売買を願い出たのである。一九三七年九月には売買契約が成立している。

このように、改正によって下付地の譲渡が認められてから、アイヌは、農業から他の業種への転業を図るものが多くいた。それらは、進んで新たな職種へ転業したというよりは、これまでの苦しい生活を打開するために転業せざるを得ない、という状況であった。また、下付地の売買に関しては、詳細な調査と書類が作成されており、行政側が下付地の売買を監督するという意図が実現されているのである。

「互助組合」の成立と土地問題

「保護法」改正後の土地問題を具体的に見てきた。次に、ここに至るまでの北海道庁の政策を見ていこう。

北海道庁は、一九二三(大正十二)年三月、支庁ならびに市役所の事務担当者に対して、「保護法」による下付地所有者ならびに賃借人の調査を行なうように指示した。その調査の具体的な項目は、下付地積・自作反別・賃貸反別・賃貸料・期限と成墾地積・未墾地積等である。一九二四年四月から調査が開始され

▼**保護委員**　一九二三年六月の「土人保導委員設置規定」（訓令第五五号）により、アイヌ戸数一〇戸以上を有する市町村に設置され、市町村吏員、警察官吏、教育者、医師、篤志家等を嘱託して指導等を行なう。アイヌの保護救済のため、アイヌの生活の実情に精通し、アイヌの尊敬を受けるものが行なう（『北海道旧土人概況』）。

ている。この調査によって「土人給与地台帳」が作成され、下付地の状況が明らかになった。この調査の目的は、下付地が和人に長期にわたり賃貸されたり、二重、三重の賃貸が行なわれるなど、「保護法」によって記されている土地の制限が実際に機能していないという点を調べることにあった。

この調査の開始と並行して北海道庁は、一九二三年七月、「土人保護救済事務打合会」を開き、この問題を協議して次のような方針を決定した。第一に、各地域に市町村長ならびに保護委員▲とアイヌの代表者を理事者とした「土人互助組合」を組織して、下付地の整理と管理を行なう。第二に、下付地の整理に関して、経費を使わずに賃借人に対して賃借権の放棄ないしは賃借期間の短縮を行なう。

道庁側は下付地の複雑な賃借関係を整理し、その上で「互助組合」による下付地の管理を意図していた。しかし、賃貸関係の整理は道庁が計画したようには進まなかった。町村の理事者と賃借人との交渉では整理が行なえず、道庁が直接担当者を派遣して整理するという事態になっている。さらに、当初はこの整理に対して費用を出さないという方針であったが、結局、一九二四年度の地方費に三〇八六円を計上して「互助組合」の結成と下付地の整理に利用することになった。

「互助組合」は、一九二四年七月の訓令により設置された。組合員は、下付地所有者であり、組合長は町村長、副組合長は助役である。管理方針は、大きく次の三つである。第一は、アイヌが下付地を借地人から取り戻した場合には、自作を奨励する。第二は、下付地所有者でやむを得ず自作ができない場合には、組合長が賃借を仲介し、入札によって賃借料を引き上げる。第三は、賃貸によって得た料金は、直接アイヌに渡すのではなく、組合長がこれを管理して必要に応じて日用必需品をアイヌに対して渡す。

「互助組合」の状況を北海道庁学務部社会課が作成した『北海道旧土人概況』(一九三六年一〇月)に掲載されているデータから見ておくことにしよう。一九二四年十二月の段階で、管理地(自営地・賃貸地)は一八一三町五反六畝一歩である。組合数は、二八組合、戸数一八〇六戸である。この時点では、「給与地」(六〇〇六町一一二)に対する「管理地」(「自営地」一三五九町〇四八・「賃貸地」一八一三町五六〇八)の割合は半分程度にしか過ぎない。「互助組合」がアイヌの下付地

●—互助組合とアイヌ給与地の状況(1924年12月)

支庁名	組合数	組合員数	給与地(町)	管理地	
				自営地	賃貸地
①石狩	3	83	342.0125	89.4627	38.1255
②渡島	1	25	24.1	10.3	13.8
③胆振	2	142	287.0824	117.1217	66.2907
④浦河	7	902	3068.435	415.1459	987.6949
⑤上川	1	40	160.6202	57.8021	48.4328
⑥河西	6	334	1058.098	376.3771	491.5634
⑦釧路	5	173	590.6677	177.505	56.7712
⑧網走	3	107	475.0962	115.3335	110.8823
合計	28	1806	6006.112	1359.048	1813.5608

出典:『北海道旧土人概況』(北海道庁)1926年10月。

全体を管理していたわけではなかったのである。さらに、これらの表中に記されていない支庁（空知・後志・檜山・根室・宗谷・留萌）では、おそらく設立が指示されてから一年たっても「互助組合」は作られていなかったと推定される。

また、「管理地」の「自営地」と「賃貸地」を比較すると、後者の割合が高く、「互助組合」の「管理地」の多くが自営されていなかったことがわかる。特に、④の「浦河支庁」では、「管理地」のうち「自営地」の二倍以上が「賃貸地」となっている。

この「互助組合」は、土地問題を解決するために作られたが、その後活動の幅を大きく広げることになる。事業目標として「給与地ノ管理」や「農業奨励」だけでなく「副業ノ奨励」「畜産ノ奨励」「相互扶助」「貯蓄ノ奨励」「組合基本金ノ造成」「共同財産ノ管理」「衛生思想ノ涵養」「講習講話会開催」「戸籍ノ整理」といった生活全般の問題に関与していくようになる。

この「互助組合」による下付地の管理という発想は、先に検討した一九一九年の「北海道旧土人保護法改正法律案委員会」での、北海道庁長官の俵孫一の発言▲を想起させる。俵は、アイヌの下付地に長期の賃貸契約が設定されている問題を、共同管理によって是正しようと企図していた。しかし、このような方

▼**俵孫一の発言**　七三ページ参照。

法で土地問題を是正することは困難だった。

それは、「互助組合」が問題を処理できず、道庁から役人が派遣されて問題を処理している経緯からも窺い知ることができる。「互助組合」が土地問題を解決する決め手とならなかったことが、「保護法」改定による下付地の制限撤廃、という選択肢を行政側に採らせた要因の一つ、と推定される。

旧土人給与地売買契約無効訴訟

国は、一九三〇（昭和五）年三月、帯広《おびひろ》区裁判所に対して「旧土人給与地売買契約無効確認請求」を行なった。この請求は、「保護法」の土地問題を象徴する事件であった。

原告の国の代表者は、北海道庁長官池田秀雄（法定代表者）と北海道庁河西《かさい》支庁在勤喜多章明（指定代表者）である。被告は、北海道広尾《ひろお》郡に住む「旧土人給与地」の売買に関係した五人である。

広尾郡のアイヌは、「保護法」の規定に従って、五町歩の未開地を一九〇八（明治四十一）年十二月に下付された。その後、このアイヌは婚姻によって除籍となった。本来ならばこの下付地は、相続者に相続されるはずであった。しかし、この下付地は、このアイヌが一九二六（大正十五）年五月に住所と氏名を嫁ぎ先に変更すると同時に転売されてしまった。購入者は、すぐさま広尾区裁判所で所有権移転の登記を行なった。下付を受けていたアイヌが婚姻によって改姓したことと住所が移転したことなどから、下付地の確認が不十分なまま土地登記が行なわれたのであろう。国側は、このアイヌが「奸智ニ長ジタル」者たちに籠《ろう》絡《らく》されたものであり、下付地の売買は「保護法」の第二条に抵触するとして訴えたのである。当然、アイヌの下付地は、「保護法」の規定によって相続以外で譲渡することはできないことになっている。

しかし、この裁判は、原告である国側の請求を棄却《ききゃく》した。帯広区裁判所は、下付地を得たアイヌとそれを買い入れた者との売買行為の当否を審理する以前に、国はこの売買契約に対して「第三者ノ地位」にあり、売買行為の当事者でないから訴訟の権限を有しない、と棄却したのである。この棄却は、一九三〇年五月に出された。この裁判の結果は、下付地の売買が禁止されていても、売買された後に、それを回復する法的根拠を国側が有していないことを示していた。

「北海道旧土人給与地整理ノ請願ニ関スル件」

一　法第一条ニ依ル給与地ノ賃貸状況　最近ニ於ケル本道旧土人ノ戸数ハ三千五百五十八戸ニシテ其ノ中保護法第一条ノ規定ニ依リ土地ノ給与ヲ受ケタルモノハ三千百二十二戸ニ達シ　即チ全戸数ノ八割七分ニ及ビ其ノ反別ハ八千五百八十町二反歩ニ上レリ　而シテ之ガ賃貸ノ状況ヲ調査スルニ其ノ反別二千四百四十四町一反一畝二十四歩ニシテ給与反別ノ約三割ヲ示ス状況ニアリ　惟フニ旧土人保護法制定ハ明治三十二年ニシテ当時勧農方針ノ下ニ旧土人ノ給与地ノ管理能力ヲ補完スル目的ヲ以テ相続ニ依ルノ外之ガ譲渡ヲ禁ジタルノミナラス物権ノ設定ヲモ厳禁セラレタリ　然ルニ其ノ後教育ノ普及ト社会的同化トニ伴ヒ農業以外ノ生業ヲ求メテ或ハ転業転住ヲ為ス者又ハ生計上金融ノ必要ニ迫ラルル者等アリテ余議ナク給与地ヲ対照〔対象〕トスル金融ノ途ヲ講スルノ止ムナキ事情ヲ生ゼシコトヲ想像セラルヽナリ　斯クノ如キ経済事情ニアル者モ土地所有権ノ制限ノ為メニ止ムナク賃貸ノ形式ニ於テ或ハ売買ニ等シキ長期ノ貸付ヲ為セシガ者モ多数ノ旧土人ノ中ニハ或ハ絶無トハ云ハレザルベク今日給与地賃貸ノ一因ハ斯ル事象ニ胚胎セルモノトモ推セラル即チ昭和十二年七月本法ヲ改正シテ同族ニ対スル特殊保護制度ヨリ一歩進メテ私権ノ拡張ヲ図リタル所以モ亦此ノ間ノ消息ヲ物語ルモノト云フヲ得ベシ　（傍線は著者）

（一九四一〔昭和十六〕年七月七日決裁『旭川市旧土人共有財産関係書類』F1・10）

このような実際に売買されてしまった下付地が多く存在したとは推定できない。しかし、アイヌの下付地が売買され、さらに行政側が勝訴できなかったとの意味は重大であった。アイヌの下付地が、売買に等しい極めて長期にわたる賃貸契約が設定されていることは、行政側も認知していた。このような状況を是正するために、実態調査がなされ「互助組合」も設置されていた。アイヌの下付地の問題に対する根本的な解決が必要となった要因の一つとして、この訴訟を位置づけておきたい。

実際、一九四一年七月に作成された「北海道旧土人給与地整理ノ請願ニ関スル件」と題する道庁文書は、下付地に賃貸や売買に等しい長期貸付が設定されているものがあり、これが一九三七年七月に改められ、「特殊保護制度ヨリ一歩進メテ私権ノ拡張ヲ図リタル所以」と、「保護法」改正の企図を記している。「北海道旧土人保護法」によって下付された土地が、「保護法」第二条の制限にもかかわらず、売買に等しい賃貸契約が設定されていることを、北海道庁や政府は理解していた。この問題の解決方法として、第一に考案されたのが、「互助組合」の設置による下付地の共同管理という方法であった。しかし、より根本的な解決を図るために、「保護法」を改正して制限を撤廃する、という方向が打ち出されたのであった。どちらにしても土地問題を解決することに、これらの施策の眼目はあった。

おわりに

近代日本とアイヌ社会の関係の特質は、両者が法と制度によって分かちがたく結びついていることである。近代日本にあっては、法や制度の改変が、近世日本とは比較にならないほど大きな変革をアイヌ社会にもたらすことになった。法や制度の変革を国家がアイヌに対して実施する場合、二つの側面があった。一つは「一視同仁」にみられるような、社会全体の平準化を意図して政策を実施する、という側面である。

この場合、政策の意図は苦しい立場にあるアイヌを保護する、という点に求められる。そして、このアイヌが「保護」を受けなければならない状況に陥ったのは、アイヌが無知であり文明からとりのこされているからだ、と説明される。「北海道旧土人保護法」をこのような理由から生み出された法案と理解すると、それは政策の意図においても、「一視同仁」にもとづく単一民族国家を形成するために実施されたように見える。たしかに、「保護法」の実施によって、アイヌの日本人化が進行し、より均質で同質な社会が形成されたことを否定することはできないであろう。

このブックレットも、「北海道旧土人保護法」を中心としたアイヌ政策がもたらしたこのような結果に疑義を呈しているのではない。このブックレットが注目したのは、これらの政策意図である。

近代日本とアイヌ社会の間には、土地問題や「共有財産」問題など多くの問題が存在していた。土地問題は帝国議会で一貫して問題となっていたし、「保護法」改定時の内務省社会局文書（北海道庁所蔵）も「保護法」の策定意図として土地問題が大きく関係していることを認めていた。

アイヌに対する勧農に「北海道旧土人保護法」の主要な制定意図があるという主張に対しては、三県時代に行なわれていた勧農政策との相違を検討することで、問題の糸口を見出せたのではないだろうか。この点から考えると、「保護法」制定の主要な意図は、単に農業を奨励するというのではなく、土地を与える、という点にあったと推定される。そこには、アイヌが従来所持していた土地や開墾した土地が、和人に奪われたという事情が大きく影響していたのである。

さらに「共有財産」問題――「十勝国共有財産」――では、その管理をめぐって不明朗な経過があったことを政府委員の白仁武が認めていた。この「北海道旧土人保護法案」の策定に関与していた白仁が、この「十勝国共有財産」の紛争の処理にあたっていたことは、特に留意しておきたい点である。

これらの問題は、「保護法」が制定された後も、完全に解決したとは言い難い。そのことは、「旭川市旧土人保護地処分法」や「保護法」の改定の経過を見れば明らかである。「処分法」では、アイヌの下付地が、保護と小作調停という問題の板ばさみになっていた。また、「保護法」の改正では、「互助組合」の設立によって下付地の賃借問題を解決しようとしたが、最終的には制限の撤廃という方針がとられた。

すなわち、近代日本におけるアイヌ政策は、近世アイヌ政策の行き詰まりを、人道主義的な見地から改正したものではない。

近代初期における諸問題——主要には土地問題——を解決するために近代アイヌ政策は企図され、実施されたのである。これがもう一つの側面である。

そして、これらの政策が実施された結果として、アイヌの同化が進行したのであって、政策の意図、それ自体に同化や単一民族国家への志向を読み取るこ

とは、困難であろう。▲

近代アイヌ政策に関する諸資料がこのことを示唆している。そして、このブックレットが、アイヌの政策の審議過程や決定過程と、政策実行者たちの政策に対する位置づけに留意してきた理由も理解していただけたであろう。

▼**アイヌの同化政策**　同化が政策の主要な動機となるのは、千島アイヌなど、限られた地域の場合である。

●—写真所蔵・提供一覧(敬称略, 五十音順)

北海道新聞社　　p. 29
北海道大学附属図書館　　カバー表
北海道庁　　扉

●—参考文献

北海道庁『北海道旧土人保護沿革史』1934年, 三一書房

井上勝生「『北海道土人陳述書』—アイヌ陳述に対する北海道庁弁明書(1895年)—」『北海道立アイヌ民族文化研究センター研究紀要』5号, 1999年

高倉新一郎「アイヌの土地問題」『社会政策時報』1939年

高倉新一郎『アイヌ政策史』1942年, 日本評論社

富田虎男「北海道旧土人保護法とドーズ法」『札幌学院大学人文学会紀要』45, 1989年

富田虎男「北海道旧土人保護法とドーズ法」『札幌学院大学人文学会紀要』48, 1990年

山田伸一「十勝における北海道旧土人保護法による土地下付」『北海道開拓記念館研究紀要』25, 1997年

山田伸一「『北海道旧土人保護法』による下付地の没収」『北海道開拓記念館研究紀要』27, 1999年

山田伸一「開拓使による狩猟規制とアイヌ民族」『北海道開拓記念館研究紀要』29, 2001年

岩崎奈緒子『日本近世のアイヌ社会』1998年, 校倉書房

榎森進『アイヌの歴史』1987年, 三省堂

小川正人『近代アイヌ教育制度史研究』1997年, 北海道大学図書刊行会

小川正人・山田伸一『アイヌ民族　近代の記録』1998年, 草風館

海保洋子『近代北方史　アイヌ民族と女性』1992年, 三一書房

海保嶺夫『幕藩制国家と北海道』1978年, 三一書房

海保嶺夫『エゾの歴史』1996年, 講談社

菊池勇夫『幕藩体制と蝦夷地』1984年, 雄山閣

田島佳也「場所請負制後期のアイヌの漁業とその特質」田中健夫編『前近代の日本と東アジア』1995年, 吉川弘文館

浪川健治「加藤政之助と北海道」『地域史研究はこだて』18号, 1993年

日本史リブレット57
近代日本《きんだいにほん》とアイヌ社会《しゃかい》
2002年11月25日　1版1刷　発行
2021年8月31日　1版5刷　発行
著者：麓《ふもと》　慎一《しんいち》
発行者：野澤武史
発行所：株式会社 山川出版社
〒101−0047　東京都千代田区内神田1−13−13
電話　03(3293)8131(営業)
　　　03(3293)8135(編集)
https://www.yamakawa.co.jp/
振替　00120-9-43993
印刷所：明和印刷株式会社
製本所：株式会社 ブロケード
装幀：菊地信義

Printed in Japan ISBN 978-4-634-54570-0

日本史リブレット　第Ⅰ期［68巻］・第Ⅱ期［33巻］　全101巻

1 旧石器時代の社会と文化
2 縄文の豊かさと限界
3 弥生の村
4 古墳とその時代
5 大王と地方豪族
6 藤原京の形成
7 古代都市平城京の世界
8 古代の地方官衙と社会
9 漢字文化の成り立ちと展開
10 平安京の暮らしと行政
11 蝦夷の地と古代国家
12 受領と地方社会
13 出雲国風土記と古代遺跡
14 東アジア世界と古代の日本
15 地下から出土した文字
16 古代・中世の女性と仏教
17 古代寺院の成立と展開
18 都市平泉の遺産
19 中世に国家はあったか
20 中世の家と性
21 武家の古都、鎌倉
22 中世の天皇観
23 環境歴史学とはなにか
24 武士と荘園支配
25 中世のみちと都市
26 戦国時代、村と町のかたち
27 破産者たちの中世
28 境界をまたぐ人びと
29 石造物が語る中世職能集団
30 中世の日記の世界
31 板碑と石塔の祈り
32 中世の神と仏
33 中世社会と現代
34 秀吉の朝鮮侵略
35 町屋と町並み
36 江戸幕府と朝廷
37 キリシタン禁制と民衆の宗教
38 慶安の触書は出されたか
39 近世村人のライフサイクル
40 都市大坂と非人
41 対馬からみた日朝関係
42 琉球の王権とグスク
43 琉球と日本・中国
44 描かれた近世都市
45 武家奉公人と労働社会
46 天文方と陰陽道
47 海の道、川の道
48 近世の三大改革
49 八州廻りと博徒
50 アイヌ民族の軌跡
51 錦絵を読む
52 草山の語る近世
53 21世紀の「江戸」
54 近代歌謡の軌跡
55 日本近代漫画の誕生
56 海を渡った日本人
57 近代日本とアイヌ社会
58 スポーツと政治
59 近代化の旗手、鉄道
60 情報化と国家・企業
61 民衆宗教と国家神道
62 日本社会保険の成立
63 歴史としての環境問題
64 近代日本の海外学術調査
65 戦争と知識人
66 現代日本と沖縄
67 新安保体制下の日米関係
68 戦後補償から考える日本とアジア
69 遺跡からみた古代の駅家
70 古代の日本と加耶
71 飛鳥の宮と寺
72 古代東国の石碑
73 律令制とはなにか
74 正倉院宝物の世界
75 日宋貿易と「硫黄の道」
76 荘園絵図が語る古代・中世
77 対馬と海峡の中世史
78 中世の書物と学問
79 史料としての猫絵
80 寺社と芸能の中世
81 一揆の世界と法
82 戦国時代の天皇
83 日本史のなかの戦国時代
84 兵と農の分離
85 江戸時代のお触れ
86 江戸時代の神社
87 大名屋敷と江戸遺跡
88 近世商人と市場
89 近世鉱山をささえた人びと
90 「資源繁殖の時代」と日本の漁業
91 江戸の浄瑠璃文化
92 江戸時代の老いと看取り
93 近世の淀川治水
94 日本民俗学の開拓者たち
95 軍用地と都市・民衆
96 感染症の近代史
97 陵墓と文化財の近代
98 徳富蘇峰と大日本言論報国会
99 労働力動員と強制連行
100 科学技術政策
101 占領・復興期の日米関係